\\\Trazos de la Historia

CARLOS CANALES TORRES
MIGUEL DEL REY VICENTE

EXILIO EN KABUL

La guerra en Afganistán

1813-2013

MADRID - MÉXICO - BUENOS AIRES - SAN JUAN - SANTIAGO
2013

Documentación e imágenes: Spaniola Way Publishing Co, LLC,
2828 Coral Way-Suite #300
33145, Miami, FL (USA)
Infografías: Luis Leza Suárez y Ristre Multimedia, S.L.
Heras, 1, 1.º | 28224 Pozuelo de Alarcón, Madrid (España)

EDITORIAL EDAF, S. L. U.
Jorge Juan, 68. 28009 Madrid, España
Tel. (34) 91 435 82 60 - Fax (34) 91 431 52 81
http://www.edaf.net
e-mail: edaf@edaf.net

EDICIONES DISTRIBUCIONES
A. FOSSATI S. A. DE C. V.
Calle 21 - Poniente 3701
Colonia Belisario Domínguez
Puebla 72180, México
Teléfono 52 22 22 11 13 87
e-mail: edafmexicoclien@yahoo.com.mx

EDAF DEL PLATA, S. A.
Chile, 2222
1227 Buenos Aires, Argentina
Tel/Fax (54) 11 43 08 52 22
e-mail: edafdelplata@edaf.net

EDAF CHILE, S. A.
Coyancura, 2270 Oficina, 914
Providencia, Santiago de Chile
Chile
Tel (56) 2/335 75 11 - (56) 2/334 84 17
Fax (56) 2/ 231 13 97
e-mail: edafchile@edaf.net

EDAF ANTILLAS, INC.
Avda. J. T. Piñero, 1594, Caparra Terrace
San Juan, Puerto Rico (00921-1413)
Tel. (787) 707 1792 - Fax (787) 707 17 97
e-mail: edafantillas@edaf.net

Primera edición: noviembre de 2013

ISBN:978-84-414-3364-9
Depósito legal: M-30.113-2013

IMPRESO EN ESPAÑA — PRINTED IN SPAIN

Gráficas Cofás, Pol. Ind. Prado Regordoño, Móstoles (Madrid)

ÍNDICE

INTERMEDIO

Jalalabad, Afganistán.
14 de enero de 1842.

DURANTE LA TERRIBLE MADRUGADA invernal la nieve se había acumulado en el llano y en las montañas circundantes. El frío, cruel, no hacía diferencias. Atravesaba tanto las prendas de abrigo de los europeos, como los someros vestidos de los cipayos. Éramos cerca de 12 000 civiles y 4 500 hombres armados. 690 europeos y 3 810 nativos, 970 de los cuales formaban las pocas unidades de caballería de que disponíamos.

La vanguardia de nuestra triste expedición comenzó a salir del acantonamiento que habíamos mantenido hasta entonces en Afganistán a las nueve de la mañana del día 6. Justo después de un trivial desayuno.

El primer obstáculo importante fue cruzar el río. El puente provisional no estaba terminado y los zapadores y la artillería del brigadier Anquetil tardaron más de tres horas en llegar a la otra orilla. Tras ellos, ateridos, avanzaba lentamente el cuerpo principal al mando del general Elphinstone y el brigadier Shelton, con las mujeres y los niños, los enfermos y los inválidos. Daba una pena enorme. Iban tan desorganizados que fue imposible impedir que un gran número de los porteadores se mezclara con las tropas.

Los afganos ocuparon el acantonamiento, en el que habíamos dejado tiendas y gran cantidad de baúles en cuanto lo abandonó el 5.º de caballería, que cerraba la retaguardia. Inmediatamente el gélido aire se llenó de sus aterradores gritos exultantes, que dificultaron aún más la salida del convoy de camellos que llevaba los equipajes.

A media tarde la retaguardia todavía se apiñaba en el estrecho espacio entre las murallas y el canal, junto a un caos de bultos abandonados, a tiro de las espingardas de los afganos, que abandonaron enseguida el placer del pillaje por una diversión mucho mayor: la caza de *feringees*[1].

Allí cayeron sobre la nieve el teniente Hardyman, del 5.°, y al menos cincuenta hombres más, víctimas del fuego desde las murallas. Las bajas obligaron a dejar allí, clavados, dos de los cañones.

La retaguardia, hostigada desde el principio por los *ghazis*[2], vio entorpecida su marcha por el equipaje abandonado, alrededor del que se apiñaban, como buitres, los saqueadores afganos. Otros, mucho más ansiosos de sangre que de botín, acuchillaban sin piedad, insensibles a sus gritos y súplicas, a los innumerables cipayos y civiles que se habían separado de la columna y esperaban sentados o tendidos junto al camino, con apática desesperación, que les llegara la muerte. Ya les daba igual que fuera por frío o bajo la afilada hoja de un cuchillo.

El espectáculo era dantesco. Sobre la nieve yacían, helados, bebés abandonados por sus madres, y ellas mismas, unos metros más adelante, agonizaban postradas sin que pudiéramos hacer otra cosa que ayudar a las que teníamos más próximas. Antes de que el sol se ocultara me volví para ver por última vez Kabul desde una pequeña loma. Puedo jurarlo, la nieve teñida de rojo marcaba el trayecto que habíamos realizado.

Hasta las dos de la madrugada la retaguardia no nos alcanzó. Habíamos recorrido apenas nueve kilómetros y medio. El lento progreso se veía iluminado por las llamas que se veían a lo lejos, en nuestros antiguos aposentamientos, incendiados por los fanáticos afganos, deseosos de borrar cualquier resto de los odiados infieles.

La primera noche fue de un frío atroz. Así la recuerdo. A la intemperie, entre la nieve, mezclados todos —soldados y civiles—, sin comida, sin fuego y sin ningún lugar de abrigo. Muchos murieron en aquella terrible oscuridad, inimaginable para nadie que no haya estado allí, otros sufrieron congelaciones. Por la mañana encontré tendido junto a mí, rígido y frío, con su uniforme completo y la espada desenvainada en la mano, a un viejo sargento de pelo gris. Lo conocía, se llamaba MacGregor. Había muerto sin un lamento, en completo silencio.

La mañana del 7 nos trajo malas noticias. Uno de los regimientos de infantería nativa y toda su compañía de zapadores había desertado al

---

[1] En hindi y persa, europeos.
[2] Guerreros afganos.

completo. No se dieron órdenes. No hubo toques de corneta. La columna se puso en marcha como una turba de soldados, civiles y ganado. Sin ninguna disciplina.

Más de la mitad de los cipayos habían tirado sus armas y arrancado de sus ropas cualquier signo que les hiciera parecer soldados para mezclarse entre los paisanos. Ahora la vanguardia del día anterior, con todos sus civiles, se había convertido en la retaguardia.

Los afganos, tras saquear los equipajes abandonados, comenzaron a hostigarla al ver que su avance se veía entorpecido por la desordenada multitud que bloqueaba la carretera. Fue entonces cuando perdimos tres de los cañones de montaña, que se habían separado de la infantería y fueron capturados por un súbito ataque enemigo. Anquetil intentó en vano recuperarlos con los hombres del 44.°. Más suerte tuvo el comandante Green, que consiguió llegar a ellos con un puñado de artilleros, pero como no tenía ningún apoyo decidió clavarlos y abandonarlos. Lo mismo hubo que hacer con dos de los de la artillería montada, por lo que solo nos quedaron un par de piezas.

Mientras nos ocupábamos de los cañones la caballería afgana cargó sobre el flanco, justo en el centro de la columna de equipajes. Se llevó gran cantidad de botín y sembró la confusión. Probablemente toda la cola de la columna hubiese quedado aislada si Shelton no hubiera conseguido rechazar al enemigo y mantener abierto el camino.

En Butkhak nos encontramos con el ambicioso y embustero príncipe Akbar Khan, que dijo estar encargado por su padre para escoltarnos hasta Jalalabad y nos reprochó el haber salido prematuramente del acantonamiento. Insistió en que nos detuviéramos allí hasta la mañana siguiente, para que nos pudiera llevar suministros y exigió a cambio la entrega inmediata de 15 000 rupias, tres oficiales como rehenes y que no pasáramos de Tezeen hasta que el ejército del general Sale no se hubiese retirado de Jalalabad. Todas las condiciones se cumplieron escrupulosamente.

De nuevo esa noche fue terrorífica. Silenciosos como lobos, los afganos cayeron una y otra vez sobre la retaguardia sin que pudiéramos ver poco más que sus sombríos rostros alumbrados fugazmente por el resplandor de la nieve. Atacaban, mataban a tres o cinco de nosotros y volvían a perderse en la oscuridad para regresar minutos después. No pudimos hacer nada. McPherson cargaba con su escuadrón, los perseguía y regresaba cada vez más mermado.

Habíamos partido con provisiones para cinco días y medio y después de dos jornadas apenas llevábamos recorridos dieciséis kilómetros. Ya no teníamos equipaje, no nos quedaba comida para los hombres ni los animales y ni siquiera podíamos coger agua, porque nos disparaban si nos acercábamos al arroyo vecino. Nos conformábamos con meternos en la boca puñados de nieve sucia. Eso era lo único que había, nieve. Nos hundíamos en ella casi hasta las rodillas.

La luz del tercer día solo nos trajo la amarga conciencia de la desgracia a la que nos enfrentábamos. Hasta los de caballería, que sufrían menos que los que íbamos andando necesitaron ayuda para subirse a los caballos. En realidad apenas quedaban ya unos centenares de hombres que pudieran combatir.

Con los primeros disparos los supervivientes se levantaron rígidos de frío y se pusieron en marcha. Fue increíble ver la cantidad de cuerpos que quedaron tendidos en el suelo. Entonces atacaron la cola de la retaguardia y una avalancha de civiles se lanzó hacia delante. Soltaron el ganado de carga y los animales, espantados, esparcieron por el terreno, municiones, vajillas y cuberterías. A las mujeres ya no las llevaban en palanquines ni en literas, porque casi todos sus porteadores ya estaban muertos. Iban a lomos de los camellos, entre la carga, apretadas en serones. Incluso viajaba así una pobrecilla con un bebé a la que había atendido en el parto hacía menos de una semana.

Esa mañana distribuimos por riguroso orden casi todos los licores que nos quedaban. Niños pequeños bebieron tazas enteras de Jerez sin que el alcohol les afectara lo más mínimo, tan fuerte era en ellos los efectos del frío. Al mediodía, cuando al fin nos pusimos de nuevo en marcha, la columna estaba totalmente desorganizada. Era inimaginable que pudiéramos travesar así los ocho kilómetros de la tremenda garganta del Khurd Kabul, bordeada por escarpadas colinas.

Apenas entramos en lo que se conocía como las «Mandíbulas de la muerte» comenzó la matanza. Nos acribillaron desde las alturas. El fuego era denso y mortal y todo su peso cayó sobre la columna principal, la escolta del equipo y la retaguardia. Contra esta última, formada por el 44.º, lanzaron un ataque brutal. Un obstáculo obligó al regimiento a detenerse en la estrecha garganta del desfiladero y recibió varias descargas cerradas desde su flanco. Al final, entre gritos de horror, como los rezagados se interponían en la línea de fuego, los soldados retrocedieron y dispararon indiscriminadamente sobre todos los que se encontraban a su paso, sin importarles si eran amigos o enemigos.

Cerca de la salida, algunos destacamentos que permanecieron unidos lograron mantener la posición para cubrir la retirada con el último cañón —el otro había quedado abandonado en medio del paso—, y así, contenida la persecución, pudimos llegar hasta donde se había establecido un nuevo campamento para pasar la noche. Atrás quedaron los cuerpos de unos 500 soldados, más de 2 500 civiles y unas imágenes que jamás podré olvidar. Desde niños seccionados en dos, hasta hombres y mujeres con la garganta cortada de oreja a oreja o, literalmente, en pedazos.

No dejó de nevar en toda la noche. Los supervivientes nos apretujamos como pudimos para darnos calor. No teníamos tiendas y no pudimos dar ni siquiera una cabezada. Nada más amanecer reanudamos la confusa y desordenada marcha, pero nos detuvimos cuando tan solo habíamos recorrido kilómetro y medio. Akbar Khan acababa de mandar una propuesta para que le fueran confiados las mujeres y los niños, puesto que tal y como estaban las cosas no podía asegurar su protección. Además incluía en ella a los oficiales casados, a los que también daría escolta a través de los desfiladeros. El general accedió, y todos abandonaron la columna tiritando y arrastrando los pies, sin nada más que la escasa ropa que llevaban encima, camino de un incierto futuro. No volvimos a saber de ellos.

El resto continuamos debilitados por la desesperación, el frío, el hambre y la deserción masiva. Con muchos esfuerzos, los restos del 44.º, los artilleros del solitario cañón y el destacamento de caballería logramos abrirnos paso entre la muchedumbre de civiles y avanzamos sin obstáculos unos tres kilómetros, hasta la profunda garganta del Tunghee Tariki. Allí también nos esperaban los afganos en las crestas y se produjeron un gran número de bajas, pero afortunadamente, aunque estrecho, el paso era corto. Logramos atravesarlo y pudimos llegar hasta el Kubbar-i-Jubbar, donde debíamos esperar la llegada del cuerpo principal. Nunca apareció.

Por los pocos supervivientes que lograron arrastrarse hasta donde nos encontrábamos pudimos enterarnos de lo ocurrido. La matanza provocada por el fuego afgano desde los promontorios había bloqueado el desfiladero con los muertos y moribundos. Al verlo, los montañeses *ghilzai*, se habían lanzado por el otro lado llenos de ira mientras sus compañeros descendían. No detuvieron la carnicería mientras hubo un mínimo signo de vida. Del exterminado regimiento de cipayos que cerraba la retaguardia solo se salvaron dos oficiales, gravemente heridos y locos de desesperación, que consiguieron correr más que sus perseguidores, que entre carcajadas pretendían atraparlos vivos.

En el abrupto descenso desde el Huft Kotul a la quebrada de Tezeen, los restos del ejército —unos setenta soldados del 44.°, apenas cien reclutas y el destacamento de artillería montada que se encargaba del cañón—, aún tuvieron tiempo de contemplar una nueva masacre mientras cubrían la retirada. Los afganos cayeron de repente sobre la confusa masa de civiles que quedaba y dejaron el camino cubierto de muertos.

Ese fue el momento en que Shelton decidió continuar hasta Jugdulluk, en una rápida marcha nocturna de más de 35 kilómetros, con la esperanza de limpiar los desfiladeros vecinos antes de que llegase a ocuparlos el enemigo. Lo hicimos en silencio, tras dejar atrás el último cañón.

Entre Seh Baba y Kutti Sung ocurrió el primer percance que retrasó a la columna: algunos disparos provocaron un ataque de pánico entre los civiles, que asustados, se movieron en masa desordenadamente y detuvieron por completo el avance del brigadier. Por la mañana, a 16 kilómetros de su objetivo, los afganos llenaban ya todas las alturas adyacentes. Con enorme valor la pequeña fuerza avanzó penosamente entre el fuego de espingarda y rechazó a la bayoneta, una y otra vez, los fieros asaltos de los *ghilzai*. Alcanzó Jugdulluk la tarde del 11 y tomó posiciones detrás de unas ruinas, junto a la carretera, para protegernos con su fuego mientras nos abríamos paso entre una nube de asaltantes.

Pronto se vio que ocupar esa posición no serviría de nada, en cuanto los afganos ocuparon las alturas que las dominaban, las ruinas ofrecieron escasa protección. Al caer la tarde, tras conferenciar con el general Elphinstone y los brigadieres Shelton y Anquetil, Akbar anunció que los *ghilzai* estaban dispuestos a un acuerdo pacífico y que se permitiría que todos nos fuéramos a Jalalabad sin ser molestados. No nos lo creímos, y por la noche, agotados, con hambre y sed, decidimos abandonar aquel maldito lugar y dejar a los enfermos y heridos. Los condenamos a una muerte segura y hubo quienes se quitaron la vida allí mismo, pero no teníamos otra solución.

Al principio todo fue bien. Hasta que nos descubrieron. Nuestros perseguidores se introdujeron entre la multitud desarmada al amparo de la oscuridad y se cubrieron de sangre manejando sus mortíferos cuchillos con la destreza que da una larga práctica. Después, cuando se retiraron, nos dispararon sin piedad desde las rocas mientras realizábamos el penoso ascenso por el desfiladero.

En la cima habían construido un enorme obstáculo con arbustos espinosos que impedía el paso. Quedamos confinados en la cuenca formada entre el final del desfiladero y la cumbre y nos sacrificaron como animales bajo el fuego de sus armas. Oficiales y soldados lucharon por sus vidas codo con codo, más unidos aún de cómo lo habían hecho hasta entonces. Vi al capitán Dodgin, del 44.º, matar a cinco afganos a golpes de espada antes de caer, y al capitán Nicholl, de la artillería montada, reunir a sus escasos hombres y compartir juntos una muerte heroica.

Finalmente se consiguió romper la barrera y hubo quienes conseguimos escapar de aquel torbellino de sangre y muerte sobre el que brillaba la luz de la luna. Mis cinco compañeros y yo, que habíamos conseguido hacernos con caballos, corrimos cuesta abajo sin mirar atrás, hacia Futtehabad. Llegamos a media mañana y parecieron mostrarse amistosos. Nos ofrecieron alimentos, aunque se deleitaron al contarnos con todo lujo de detalles lo sucedido a los restos del 44.º. Veinte oficiales y cuarenta y cinco soldados europeos habían logrado, como nosotros, escapar de la trampa para reunirse al amanecer en una colina adyacente a Gandamak e intentar defenderse. Entre risotadas nos contaron como los habían derribado oficial tras oficial y soldado tras soldado desde un saliente cercano y como luego, tras un último ataque de los *ghilzai*, decidieron perdonar y llevarse cautivos al capitán Souter y tres o cuatro jóvenes soldados. Quién sabe para qué los querrían. Los escuchamos aterrados, pero fingimos indiferencia.

Justo cuando íbamos a comer se lanzaron sobre nosotros. Dos de mis compañeros fueron asesinados, el resto logramos montar y escapar al galope. Nos alcanzaron según nos aproximábamos a las murallas de la ciudad. Al último lo mataron apenas a seis kilómetros de aquí.

Yo fui el único que conseguí llegar. Todos los días le agradezco a Dios haberme mantenido con vida.

INTRODUCCIÓN

DESPUÉS DE LOS ATENTADOS DEL 11 DE SEPTIEMBRE DE 2001, el 7 de octubre, los Estados Unidos iniciaron su invasión de Afganistán. La denominaron «Operación Libertad Duradera», y fue apoyada de inmediato por los aliados de la OTAN, con el objetivo de destruir el régimen talibán, ocupar el país y garantizar su tránsito hacia la democracia. A partir de ese momento, Afganistán ha estado presente de forma permanente en la actualidad informativa, tanto en la prensa escrita como en radio y televisión, de manera que una nación, pobre, lejana y olvidada es, hoy en día, siempre noticia.

Incluso para una país como España, que jamás había tenido nada que ver en su política exterior con un lugar tan remoto a nuestros intereses, Afganistán se ha convertido en un nombre conocido, especialmente por la participación de un contingente español en las operaciones desarrolladas en el país asiático, que han costado la vida a un centenar de sus soldados.

En realidad, la importancia de Afganistán va mucho más allá de la «lucha contra el terrorismo», con la que se ha tratado de confundir a la opinión pública desde los sucesos que siguieron a los atentados contra las torres gemelas de Nueva York. En 1904 el gran geógrafo y político Halford John Mackinder, publicó su ensayo The Geografical Pivot of History en que defendía su teoría del Heartland —«El corazón de la Tierra»—. Una hipótesis denominada también «Teoría de la Región Cardial», «Teoría del Corazón Continental», «Área Pivote» o «Isla Mundial». Mackinder sostenía que existe una zona central en las relaciones internacionales que le confiere a cualquier estado que la ocupe una posición de superioridad respecto al resto, y sitúa esa zona pivote o central en Eurasia, la región de tierra que conforman Europa y Asia. Dentro de esa zona, Afganistán adquiere una enorme importancia, porque cierra el camino a la potencia continental por excelencia, Rusia, al

Subcontinente Indio, y al mar cálido —el Océano Índico— y se sitúa en la ruta que permitiría a China enlazar con el Golfo Pérsico a través de una ruta terrestre continental.

Durante cien años Afganistán se convirtió en el centro de la disputa entre los poderes coloniales de la Rusia zarista y Gran Bretaña, en una pugna que fue denominada «El Gran Juego». Separados los valles de Pamir —en manos rusas— y Chitral —bajo control británico—, solo por el corredor de Wakhan, que une el país con China, ambas potencias permitieron que Afganistán pudiese subsistir como nación independiente, lo que evitó por muy poco, que el Imperio Ruso y el Imperio Británico hubiesen tenido una frontera común, lo que probablemente habría desembocado en un conflicto armado en Asia Central. Desde entonces, con altibajos, Afganistán no ha dejado de ser un lugar importante para el juego estratégico de las grandes potencias.

No hay que engañarse. Los estrategas de la Coalición Occidental que hoy en día mantienen a las tropas de la OTAN en las montañas afganas, sabe lo que hacen. En tanto estén allí o mantengan un gobierno afín, una hipotética alianza chino-iraní es imposible. Además, Afganistán separa a los rusos de los indios y, llegado el caso, sería una magnífica base si la inestabilidad pakistaní lo convirtiera en un estado fallido y acabara en manos del fundamentalismo islámico. Por último, Afganistán mantiene una frontera que apunta desde Herat al corazón de Irán, y que tiene una importancia estratégica nada desdeñable.

Con independencia de este gigantesco valor estratégico, el hecho cierto es que además el país afgano parece ocultar en su subsuelo grandes reservas de litio —mineral estratégico utilizado en la fabricación de baterías para teléfonos celulares y computadoras portátiles—, niobio, necesario además para la fabricación de motores de aviones de reacción y misiles, cobalto, oro, molibdeno y metales de tierras raras, usados —como el coltán—, en la fabricación de sistemas electrónicos, motores eléctricos de automóviles híbridos, instrumentos de rayos láser y en casi todos los dispositivos de tecnología militar avanzada. Eso sin contar con que los afganos tienen otras riquezas bajo sus pies que van desde el petróleo al gas natural.

No creemos equivocarnos al pensar que el conflicto afgano dará aún mucho que hablar. Es importante que sea valorado y conocido, pues puede que parte de nuestro futuro se esté dilucidando en unas remotas montañas del Asia Central.

THE SHADOW ON THE HILLS.

Sombra en las montañas. *Una referencia de la revista británica* Punch *al uso de Afganistán como estado tapón. El autor critica que el imperio no defienda los pasos a la India salvo con una somera presencia testimonial. Se publicó el 5 de octubre de 1878.*

1

EL REINO DE LAS MONTAÑAS

El paso Jáiber, en la frontera entre Afganistán y Pakistán y, al fondo, la fortaleza de Alimusjid, un dibujo del británico James Rattray, realizado en 1847, que muestra con toda su crudeza lo agreste del territorio.

Teme la ira de Dios, el veneno de la serpiente, y la venganza de los afganos.

Proverbio afgano.

AFGANISTÁN, OFICIALMENTE REPÚBLICA ISLÁMICA DE AFGANISTÁN, es un país ubicado en el corazón de Asia, que en ocasiones ha sido agrupado en un bloque que lo integraría a medio camino del Subcontinente Indio y Oriente Medio. Debido a su posición, es vecino de un número muy alto de estados reconocidos internacionalmente, pues la desintegración de la Unión Soviética dejó como legado una serie de repúblicas con las que comparte frontera en mayor o menor medida y, como veremos, también lenguas, etnias y costumbres.

Muyahidines *de etnia pastún armados en los primeros momentos de la invasión soviética. Con sus ropas tradicionales aún portan viejos fusiles de cerrojo, que pronto serían reemplazados por los AK-47 suministrados por los chinos y los estadounidenses. Los pastún son la etnia mayoritaria del país, tienen fama de ser feroces guerreros.*

Con una extensión de 652 090 kilómetros cuadrados, no es mucho mayor que la Península Ibérica, pero sus montañas, que cubren dos tercios de su extensión, enclavadas en el Hindu Kush con alturas superiores a los 7 000 metros son formidables. La región, propensa a sufrir inundaciones, terremotos y avalanchas, presenta una zona cultivable muy pequeña —está en torno al 15%—, por lo que los cereales se dan mal y las frutas y verduras escasean. No es de extrañar que los afganos hayan tendido históricamente al cultivo del opio, obtenido de la flor de la amapola adormidera, del que el país es el principal productor ilegal del mundo, para compensar su escasez de cultivos con la generación de un producto muy demandado y de gran valor añadido. De hecho, a pesar de la labor de la comunidad internacional y del gobierno actual, la dependencia del opio sigue en aumento, y según la Oficina de Naciones Unidas contra la Droga y el Delito —UNODC en sus siglas en inglés—, solo en 2006 el cultivo de amapola creció un 59%, lo que permitió a su vez aumentar la producción de opio en un 49%.

A pesar de esta penosa situación, el país tiene con una alta dependencia de la agricultura, pues la mayor parte de la población, casi el 90%, trabaja, de una forma u otra, en el sector agrícola. Cultiva cereales, frutales, frutos secos, algodón y papaya en las llanuras del norte, en las fronteras con Turkmenistán, Uzbekistán y Tayikistán. También hay importantes rebaños de ovejas de raza *karakul,* cabras, camellos, algunas vacas y una modesta artesanía de alfombras —de no muy buena calidad—. Posee importantes reservas de gas natural explotadas a baja escala por empresas de capital estadounidense, y una industria textil y de producción de alimentos, que acaba de comenzar a formarse. La eterna guerra en la que está sumido el país y la falta de un gobierno central competente, así como la fragmentación de la sociedad en grupos tribales, ha producido que el desarrollo de la nación sea uno de los más bajos del mundo. Ocupa el puesto 175 de los 186 de las Naciones Unidas[3].

Históricamente se consideró a Afganistán un territorio pobre, no solo por lo que hemos comentado sobre su agricultura, sino también por la falta histórica de una tradición minera. Se creía que su territorio no contaba con grandes riquezas, pero en las últimas décadas esto ha cambiado. Hoy se sabe que tiene enormes reservas de gas, petróleo, hierro y carbón, que se empezaron a extraer en la época de la ocupación soviética, lo que lo hace especialmente apetecible para prospecciones futuras. La excepción es el cobre, principalmente de la gran mina de Aynak, de cuya obtención se encarga actualmente la gran empresa *China Metallurgical Group Corporation.*

La producción de petróleo es algo menor de la que se pensaba hace unos años, pero únicamente en la cuenca del Amu Darya se encuentran en explotación 322 pozos, donde se estima que hay entre 500 y 2 000 millones de barriles de crudo. Finalmente, todavía hay sin apenas aprovechar notables

---

[3] IDE —*Índice de Desarrollo Humano*— del año 2013.

Una de las muchas estatuas de Buda que se encuentran en Aynak, a menos de 900 metros de la mina de cobre. Desde 2010, dieciocho arqueólogos, dieciséis afganos y dos franceses, llevan a cabo una carrera contra el tiempo para poder retirarlos antes de que sean destruidos por las excavaciones de la empresa China que gestiona su rendimiento.

depósitos de oro, plata, esmeraldas, cromo, cinc, uranio, berilio y lapislázuli en las áreas montañosas, extraídos hasta el momento en muy pequeñas cantidades. Un vergel para la industria mundial, que parece muy interesada en que la región esté cuanto antes totalmente pacificada para poder explotar al máximo sus recursos.

1.1 La tierra de los afganos

El país, no tiene salida al mar. Limita con Pakistán al sur y al este, con Irán al oeste, con Turkmenistán, Uzbekistán y Tayikistán al norte, y con la República Popular China al noreste, a través del corredor de Wakhan.

En realidad el tamaño de Afganistán ha ido cambiando con el tiempo, y sus fronteras son completamente artificiales. El país carece de una unidad étnica y cultural y la religión islámica es uno de los pocos elementos aglutinadores. Es por tanto más una entidad geográfica que otra cosa, pues por decirlo de alguna forma, los límites actuales son los que fijaron las dos grandes potencias coloniales enfrentadas en su territorio en el siglo XIX, como veremos, Gran Bretaña y Rusia.

La frontera más importante, la de Pakistán, con una extensión de 2 432 kilómetros, se estableció en 1893. De forma oficial se dice que fue fruto del acuerdo entre el emir Abdul Rahman Khan y el secretario de Asuntos Exteriores del gobierno británico de la India, *sir* Henry Mortimer Durand, pero en realidad, fue el resultado de la Segunda Guerra Anglo-Afgana que se produjo entre 1878 y 1880 y dejó a los británicos como responsables de la política exterior de los afganos. Trazaron arbitrariamente la frontera en función de sus intereses estratégicos, que pasaban por debilitar en la medida de lo posible a las feroces tribus *pastún*, a caballo entre India y su país.

Afganistán jamás ha reconocido esta frontera, denominada también «Línea Durand», a pesar de haber firmado el tratado, ni tampoco una gran parte de los grupos tribales *pastún*. De hecho hay un movimiento que defiende la necesidad de crear un estado para ellos que se llamaría «Pastunistán»[4].

La frontera con Pakistán es muy difícil de controlar, como bien saben los mandos de la Coalición Internacional que actualmente combate a los *talibán* en la zona, pues las montañas cubren toda la línea. Además son altas y abruptas, con angostos y estrechos valles perfectos para las emboscadas. En la larga frontera hay dos pasos principales, el de Jáiber —Khyber, en inglés—, que une Islamabad con Kabul, y es la ruta histórica de comunicación entre Pakistán y Afganistán, y el de Chaman, al sur de Quetta, que también cuenta con una carretera moderna que une la ciudad paquistaní con Kandahar, la segunda ciudad en importancia de Afganistán.

Las fronteras del Norte con las antiguas repúblicas soviéticas, son tres, Turkmenistán —744 kilómetros de longitud—, Tayikistán —1 206 kilómetros— y Uzbekistán —137 kilómetros—, son más antiguas, pues se fijaron en 1876 por un acuerdo entre el Reino Unido y Rusia, tres años después de que los rusos estableciesen su protectorado sobre el kanato uzbeko de Bujará. Una renegociación de 1887, alteró ligeramente el trazado, que no ha cambiado desde entonces. En esta frontera está el importante «puente de la amis-

---

[4] La raíz del lenguaje prehistórico euroasiático Proto-Indo-Europeo (PIE), *stā*—o *stand*—, acabó en muchas palabras de los idiomas descendientes. En las lenguas eslavas significa «asentamiento». En las viejas lenguas indo-arias significa «lugar de».

La Línea Durand recibe su nombre de Mortimer Durand, secretario de Relaciones Exteriores de la India colonial. La demarcación se inició en 1893 para establecer las esferas de influencia entre Afganistán y la India británica, y se terminó en 1921. En la actualidad es la frontera de 1 640 kilómetros entre Afganistán y Pakistán. Desde su creación ha sido considerada como una de las fronteras más inestables y peligrosas del mundo.

tad» sobre el Amu Darya, esencial para acceder desde las estepas euroasiáticas al Subcontinente Indio. Se encuentra en la frontera con Uzbekistán. La línea límite sigue el curso del río, tocando la región oriental del Pamir, y contiene algunas de las montañas más formidables del mundo.

Al Este, la frontera con Irán, fue delimitada por los británicos en 1905, tras llegar a un acuerdo con una Rusia muy debilitada por su derrota ante Japón.

Finalmente hay una pequeña frontera con China, de las más altas del mundo, que permanece cerrada durante al menos cinco meses al año por causa de la nieve. Es muy importante desde el punto de vista geopolítico, pues permitiría la construcción de una vía que uniese el occidente chino — atravesando Afganistán—, con el Océano Índico, por Beluchistán, o con el Golfo Pérsico si cruzase Irán. Un magnífico corredor energético que permitiría construir gasoductos y oleoductos.

1.1.1 El problema de las comunicaciones

La casi total ausencia de vías de carreteras y vías férreas, es uno de los grandes obstáculos para el desarrollo del país, aunque hay que reconocer que es uno de los territorios más complicados del mundo para el trazado de carreteras y vías de comunicación modernas.

Las carreteras son malas, y siguen rutas tortuosas que deben superar grandes obstáculos. Su firme es de mala calidad con un intenso y caótico tráfico y un constante circular de camiones, pues es el la única forma de llevar cargas pesadas. Se ha realizado, con apoyo internacional, un enorme esfuerzo para mejorar sus trazados, pero aún queda tanto por hacer que, a primera vista, da la sensación que circular por Afganistán es casi imposible.

A pesar de su pésimo estado, el túnel de Salang sigue siendo una vía esencial de comunicaciones entre Kabul y el Norte del país, por lo que durante la guerra con los soviéticos, los invasores hicieron enormes esfuerzos por mantenerlo abierto.

Un ejemplo perfecto sería el túnel de Salang, que mide 2 700 metros de largo. Sus extremos están, a una altitud de 3 360 y 3 363 metros respectivamente, por lo que es el tercer túnel de carretera más alto del mundo actualmente en servicio. La anchura y la altura del túnel son de solo 7 metros.

Su tráfico actualmente está cuantificado en unos 1 000 vehículos por día. Abierto en 1964 por los soviéticos, permite un ahorro considerable de tiempo entre Kabul y las ciudades del Norte. Los vehículos pesados, que antes debían rodear las montañas a través de Herat, vieron cómo su viaje de 72 horas se reducía a menos de 10.

Durante la guerra entre Afganistán y la Unión Soviética, entre 1978 y 1992, el túnel fue vital para el Ejército Rojo, y así lo entendieron también los insurgentes afganos, que convirtieron la ruta en objetivo de fuertes ataques. El 3 de noviembre de 1982, se produjo una de las mayores tragedias de la guerra, cuando un camión de gasolina explotó en un convoy de soviético y produjo oficialmente 176 muertos —64 soviéticos y 112 afganos—. Unas cifras muy distintas de las que se cree que fueron reales, pues se piensa que es posible que se superasen los 3 000 muertos.

Por razones históricas el país tampoco contó jamás con una infraestructura ferroviaria medianamente decente. En la actualidad solo hay trenes en las zonas que conectan el país con Turkmenistán y Uzbekistán, en el norte, aunque se trabaja en otros dos proyectos que permitan conectar con los países vecinos. Uno entre Herat e Irán, y el otro para poder unirse a los ferrocarriles pakistaníes a través de los pasos de Sur.

Lo que sí es cierto es que con el apoyo de la Coalición Internacional está cambiando la situación de forma acelerada. A pesar de la insurgencia, *Afghan Telecom*, una empresa de capital privado en la que el gobierno mantiene el 20% de la participación, tiene desde 2006 la responsabilidad de las líneas fijas de telefonía, pero ha debido enfrentarse a la ingente labor de reconstruir los daños de veinte años de guerra, por lo que no es de extrañar que el número de líneas fijas apenas alcance las 460 000. Peor aún es el acceso a internet, al que solo puede llegar un 1,5% de la población. Para compensar, el país cuenta con empresas de comunicación inalámbrica, internet, radiodifusión y varios canales de televisión. Las empresas de telecomunicaciones afganas *Afghan Telecom*, *Afghan Wireless Roshan* y *Etisalat*, todas con capital extranjero, han permitido un rápido incremento en el uso de teléfonos móviles de los que hay ya más de 17 millones.

Desde 2006, el Ministerio Afgano de Comunicaciones, tiene un contrato con *ZTE Corporation* para la creación de una red nacional de cable de fibra óptica, lo que, lógicamente mejorará las transmisiones telefónicas, de internet, televisión y radio. Los servicios postales y de paquetería, como *FedEx*, *DHL* y otros, existen en las principales ciudades y pueblos.

Hay una línea aérea nacional, *Ariana Afghan Airlines*, que tiene vuelos internos a las principales ciudades del país, a Europa y Asia, y otras pequeñas compañías locales.

1.1.2 La vida en un caleidoscopio

Situados en medio de Asia, en una zona que estaba en el camino de todas las invasiones, los afganos son en realidad la suma de pueblos de origen étnico muy diferente que viven juntos, repartidos por zonas más o menos uniformes en todo el país. Los datos no son fiables, pero en general se acepta que hoy en día el país tiene unos 32 000 000 de habitantes, por lo que si bien la densidad de población no parece muy alta, sí lo es, si tenemos en cuenta la complicadísima orografía.

Aunque siempre es difícil asegurarlo, debido a que no hay datos oficiales[5], las etnias principales son indoeuropeas. Su vocabulario actual deriva de las lenguas habladas por los invasores indoarios que comenzaron a llegar a sus valles desde el Norte y el Este. En su mayoría son pueblos de la gran familia irania, si bien hay minorías de origen turco de gran importancia.

El idioma más hablado en Afganistán, pese a que está muy extendido ser bilingüe y utilizar el inglés, es el *dari*, una lengua persa que usa de forma habitual el 50% de la población. El pastún lo habla el 35% de los afganos y el resto utilizan idiomas turcos, como el uzbeko y turcomano o turkmeno, o una treintena de lenguas menores.

La religión de casi todos los afganos es la musulmana, pues la minoría judía desapareció hace tiempo y los escasos sijes e hinduistas han ido, poco a poco, abandonando el país. Los musulmanes son suníes de forma abrumadora, pero puede que haya algo más de un 10% de chiitas.

La etnia más numerosa del país es la *pastún*[6], a la que pertenece aproximadamente el 42% de la población total de Afganistán, hasta el extremo que en la Edad Media las palabras «pastún» y «afgano» eran sinónimas. De origen indoario, pertenecen a la rama oriental de las lenguas iranias, y se cree que descienden de los *paktha* o *pactyans*, pueblos que vivían en el Hindu

---

[5] Fuente: *CIA World Factbook*. Consultada el 15 de octubre de 2013.

[6] Los *pastún o pastunes* eran llamados en castellano tradicionalmente *patanes* —su nombre en urdu—, pero el término ha caído en desuso.

Retrato de un afgano. Poco ha cambiado el aspecto de los pastunes *desde que el pintor Vasily Vereshchagin tomara este apunte del natural en 1867 o 1868.* Galería Estatal Tretyakov, Moscú.

Kush y el Indo hace más de 2 500 años, mencionados ya por Herodoto como habitantes de la antigua Aracosia.

Si hay un pueblo cuya imagen representa en el mundo entero al guerrero afgano, este es el *pastún*. Feroces y combativos, nacidos y educados por y para la guerra.

Su violencia se debe a la existencia tradicional de algunos de principios que se siguen aplicando hasta extremos inconcebibles, como el *Badal* —venganza—, que obliga a tomar justicia contra un infractor de las leyes tribales y solo se puede reparar mediante el derramamiento de sangre. Si el infractor no existe, se debe matar a su pariente masculino más cercano, lo que lleva a feroces matanzas que pueden durar generaciones e involucrar a tribus enteras, con la pérdida de cientos de vidas. El segundo principio es el *Tureh* —valentía—, que hace que un *pastún* deba defender su tierra, propiedad, familia y mujeres de los ataques de sus enemigos, hasta acabar con la vida de todo aquél que constituya una amenaza. El tercero es el *Sabat* —lealtad—, pues un *pastún* jamás debe abandonar a su familia o clan, pues lo contrario sería vergonzoso. El cuarto es el *Ghayrat* —coraje—, pues el honor tiene una gran importancia en la sociedad *pastún* y la mayoría de los demás códigos de la vida están dirigidos hacia la preservación del orgullo. Todo guerrero debe respetarse a sí mismo, y a los demás, empezando en su casa, entre los miembros de la familia y los parientes.

Sus costumbres y sus complejos códigos de honor hacen de ellos un pueblo combativo. Empujados una y otra vez a la violencia, la lucha y el enfrentamiento forman parte de su cultura de una forma tan íntima que son casi parte de su naturaleza. No es de extrañar que algunos analistas modernos afirmen, sin dudar, que la propia existencia del pueblo *pastún* hace imposible la paz en Afganistán.

La tumba de Ahmad Shah Abdali, fundador de la monarquía Durrani, estaba cerca de la Bala-Hissar —fortaleza—, de Kandahar. Ahmad Shah fue venerado por los afganos como su mayor monarca, pues combinaba habilidad militar con un carácter decidido y la virtud de la clemencia. Una de sus más famosas hazañas fue la conquista de Delhi y la derrota de las fuerzas maratha en la India durante la tercera batalla de Panipat, en 1761.

Durante toda la Edad Media los *pastún* vivían en el actual territorio afgano y en el vecino Pakistán, su sede central. Lograron alcanzar el poder en el sultanato de Delhi, imponiéndose a otros grupos étnicos, por lo que durante un tiempo fueron también el poder dominante en el Norte de la India, enfrentándose a persas y turcos. Lograron crear el moderno estado afgano a mediados del siglo XVIII, pero, como veremos, quedaron atrapados en medio de los intereses imperiales de Rusia y Gran Bretaña. Los británicos consiguieron separar a una parte considerable de los más de 300 clanes o grupos tribales *pastún*, para dividirlos y que perdiesen su poder. Gracias a eso lograron que el *pastunwali* o conjunto tradicional de nociones éticas que guían la conducta individual y de la comunidad, no permitiese una alianza en contra del poder imperial.

Hoy en día, en las regiones que habitan, se concentra casi el 90% de las acciones de la insurgencia afgana. O lo que es lo mismo, guste o no, la guerra actual en Afganistán lo es contra los *pastún*, lo que significa, dado que la mayor parte de su pueblo vive en Pakistán, que el enfrentamiento puede ser casi infinito. Siempre hay una base de combatientes fanatizados por las llamadas a la guerra santa que nutre una y otra vez a las guerrillas que combaten en territorio afgano al gobierno y a las tropas de la Coalición.

Sirva como ejemplo que en 2012 había 12 776 369 afganos de etnia *pastún* en su propio país, aunque su número era sólo la mitad de los que vivían en Pakistán, donde ese mismo año residían 29 342 892[7]. Un auténtico problema que demuestra la absurda forma en la que se delimitaron las fronteras durante el siglo XX.

La mera existencia del segundo grupo étnico, los *tayik* o *tayikos* —literalmente «campesinos»—, ha hecho imposible la paz en Afganistán. Los *pastún*, jamás han aceptado compartir el poder con ellos, y ambos mantienen relaciones conflictivas y frecuentes enfrentamientos. Pueblo de raíz persa, la palabra *tayik* es en realidad un término genérico. Extendidos históricamente desde Uzbekistán, donde hay algunos grupos aislados hasta la frontera china, hay enclaves *tayik* en Irán y Pakistán que se formaron recientemente con refugiados huidos de la invasión soviética.

Para muchos pueblos de Asia, los *tayiki* son pura y simplemente *fārsī*, o lo que es lo mismo «persas» si bien en la actualidad, especialmente desde

---

[7] En los Emiratos Árabes Unidos viven más de 300 000 *pastún* y en los Estados Unidos unos 130 000.

la independencia de la antigua república soviética de Tayikistán, la palabra *tayik*, que anteriormente había sido considerado más o menos peyorativa, se ha vuelto de uso habitual. Los *tayik* están estrechamente relacionados con los hablantes del persa de Irán, y en la práctica son casi el mismo pueblo[8]. En Afganistán son el 27% de la población y se mantienen fuertes en la zona fronteriza con la república independiente que lleva su nombre. También tienen fuerte presencia en Herat, mientas que en el resto del territorio forman núcleos aislados.

Aunque apenas llegan al 9% de la población, el caso de los *hazaras* es extremadamente interesante. Lo primero, porque aunque parece a primera vista que son de origen mongol, dado que presentan un evidente aspecto asiático oriental, hablan una lengua persa, el *hazara*. Los filólogos e historiadores actuales no dudan de que los *hazaras* no sean otra cosa que un grupo indo-

Ahmad Sah Masud, el «León de Panjshir», líder de la famosa Alianza del Norte, que se formó para organizar la resistencia contra la ocupación soviética, entre 1979 y 1989 y en los siguientes años de guerra civil. Hijo de un funcionario de la monarquía afgana, estudió en el Liceo Francés Isteqlal de Kabul y luego ingresó en la Escuela Politécnica de la capital para graduarse como ingeniero.

---

[8] También son llamados *tayik* los pertenecientes a una minoría de Tashi Ku'ergan, en la provincia de China de Xinjiang, pero en realidad no son iranios, pues sus lenguas, el *sarikoli* y el *wajaní* pertenecen a las llamadas lenguas *pamirianas*, como el *pastún*.

europeo que acabó mezclado con sucesivos grupos de pueblos turcomongoles, hasta el extremo de poder mimetizarse con ellos[9], pero que mantuvieron sus costumbres y cultura indoarias.

Predominantemente musulmanes chiitas, en las últimas décadas emigraron en gran número a Pakistán e Irán por causa de la guerra, mientras que los que permanecieron en Afganistán viven rodeados de otras etnias a menudo hostiles, como los *uzbekos* al Norte; los *nuristaníes* y los *pastunes* al Este, los *baluchí* al Sur, y los turcomanos al Oeste. Su territorio, mucho más pobre que el resto, en un país con una economía tan escasa, se mantuvo tradicionalmente bajo el mando de señores de la guerra locales, que en el siglo XIX se sometieron progresivamente a los emires *pastún* de Kabul a los que pagaban un tributo.

Tras el final de la Segunda Guerra Angloafgana, el emir Abd el Rahman decidió someter el país *hazara* por la fuerza. Los dos años de guerra fueron muy duros, y más las campañas de castigo que se prolongaron hasta 1893. La brutalidad con la que se trató a los *hazaras* fue un auténtico genocidio que acabó con la mitad de su población. Además, como hasta 1923 la esclavitud fue legal, miles de hombres, mujeres y niños, fueron vendidos como esclavos, lo que convirtió a los *hazaras* en los parias de Afganistán.

En la segunda mitad del siglo XX, hartos de que su posición en la escala social fuese la más baja y de que se les identificase con una especie de quinta columna persa[10], se organizaron en torno a tres grupos o facciones. El primero, islamista, dio lugar al partido *Hizb-e Wahdat*; el segundo, más conservador, fue aniquilado por los comunistas, con apoyo soviético, en los años setenta, y recibieron el golpe de gracia con la invasión de 1979. Finalmente, el tercero, el comunista, contribuyó a destruir a sus hermanos, pero también, dado que había grupos maoístas favorables a los chinos, fueron exterminados por las tropas soviéticas entre 1979 y 1982.

En marzo de 1979 hubo una rebelión en Hazarayat alentada por agentes iraníes y los *hazaras* de Kabul se sumaron a ella el 23 de junio. No tuvieron éxito y cientos de ellos fueron detenidos para evitar ulteriores levantamientos. No fue una medida efectiva. En septiembre, una asamblea de

---

[9] Seria un caso parecido al de los *fineses*, que hablan una lengua uraloaltaica, a pesar de que su aspecto es netamente europeo, y de que uno de sus grupos, los *ingrios*, son el pueblo más rubio del mundo.

[10] Al igual que los iraníes, son chiitas.

signatarios de Hazarayat, reunida en Panjaw, creó el llamado Consejo de la Unión —*Shura-e Itifaq*—, para administrar su territorio, e inició un reclutamiento de milicianos, emitió sus propios pasaportes y documentos de identidad, abrió oficinas de representación en Irán y Pakistán y procedió a realizar una reestructuración territorial que acabó dividiendo el Hazarayat en 8 distritos militares y 36 distritos civiles.

La influencia del nuevo poder iraní, que alentaba las revueltas *hazaras* con dinero y asesores, permitió a los clérigos chiitas tomar el control, y eliminar físicamente a los líderes de la insurrección, entre quienes había algunos intelectuales y varios miembros de familias poderosas.

Gracias al islamismo radical que se iba imponiendo, los *hazara* de Kabul se alzaron en armas en febrero de 1980, y aunque la rebelión se extendió a varios distritos fue liquidada brutalmente por las tropas de ocupación soviéticas. Su espíritu fue la base del nacimiento de varios grupos islamistas, como el *Harakat e islami*, fundado en Irán en 1979 por Muhammad Asif Mohsini; *Sazman-e Mujahidin-e Mustazafin*, fundado en Irán en 1979; la *Sazman-e Nasr*, fundada en Bamiyán en 1979; la *Sepah-e Pasdaran* de Muhammad Akbarí, fundada también en Irán en 1981; y la conocida *Hizbullah* del jeque Buzoki, fundada en Irán también en 1981.

Esta vitalidad, demostró que los *hazaras* estaban entre los líderes de la oposición a las tropas soviéticas, y se fueron radicalizando por la vía religiosa, y no étnica, por lo que no resultó raro que fuesen *hazaras* quienes promoviesen una gran asamblea en Bamiyán, en el Punjab, en 1988. Allí se acordó la creación de un partido nacional islámico, el *Hizb-e Wahdat Islami Afghanistan*, bajo la dirección de Abdul Ali Mazari.

Después de la retirada soviética los partidos islámicos crearon un gobierno interino pero los *hazaras* chiíes no se mostraron dispuestos a participar si no se les otorgaba al menos el 20% de representación. Ante su negativa fueron excluidos. Tras la toma del poder por los grupos islámicos en 1992, el líder muyahidín Burhanuddin Rabbani, que había sido elegido presidente, ordenó atacarlos. Muchos se aliaron entonces con Gulbudn Hekmatiyar, líder del *Hizb-e Islami*, y también veterano de la guerra contra la Unión Soviética, que se enfrentó a Rabbani —que también contaba con muchos *hazara* entre sus filas—, en una sangrienta lucha por el poder.

Tres años duraron los combates, salpicados de sangrientos atentados terroristas. Las tropas del gobierno del presidente Rabbani fueron expulsadas de Hazarayat en el verano de 1995, y desde entonces los talibanes apenas pudieron volver a penetrar en su territorio, que siempre se vio libre de ellos. Los chiíes afganos sí formaron parte del gobierno de Rabbani, al que solo le quedaron algunos reductos en el Norte, pero los *hazara* chiíes, como pueblo, permanecen de hecho independientes. La caída del régimen talibán tras los atentados del 11 de septiembre del 2001, y la llegada de tropas occidentales, no ha cambiado la situación. Los *hazaras,* el viejo pueblo despreciado, vive su vida al margen del gobierno de Kabul.

Los *uzbekos* —*o'zbek* en singular y *o'zbeklar* en plural—, son otro de los grupos étnicos de Afganistán. De origen turco, habita principalmente en Uzbekistán, pero también se encuentran grupos en otras antiguas repúblicas ex soviéticas y en el Turquestán Oriental chino. Además, miles de ellos viven como refugiados en Pakistán, desde donde han comenzado a regresar a Afganistán a partir del 2011.

Guerrilleros uzbekos. *A pesar de ser sólo el 9% de la población del país, se convirtieron en uno de los grupos opositores a los* talibanes *más importantes, junto a los* tayik *—iranios—. Se apoyaban en la frontera con la república de Uzbekistán, de la que recibían suministros y armas.*

Se considera que los *uzbekos* son una escisión de la «Horda Dorada», miembros de un clan de tártaros del Volga que en 1422 abandonó la obediencia del kan y, tras autodenominarse «uzbekos», se dirigieron al Este, atravesando durante varias generaciones la estepa kazaja.

El general uzbeko Abdul Rashid Dostum, uno de los fundadores de la Alianza del Norte, una coalición de facciones guerrilleras muyahidines creada a finales de 1996, que tenía como objetivo común derrocar el régimen talibán. Desde 2005 la Alianza del Norte ha perdido influencia y, tras la destrucción del régimen talibán por los Estados Unidos, más del 60% de sus combatientes fueron desarmados por las Naciones Unidas y el ejército nacional afgano.

El afianzamiento de la nacionalidad uzbeka se produjo a finales del siglo XIV cuando los *uzbekos* derrotaron a los descendientes de los timúridas en el Valle de Fergana y tomaron la práctica totalidad de la Transoxiana, empujando a los timuridas a la India, y desplazando del poder a los grupos iranios. Fue también en ese periodo cuando se asentaron en el interior de Afganistán. Combativos y valerosos, a pesar de ser solo el 9% de los habitantes, y de que una parte de su pueblo aún es nómada, han mantenido buenos contactos con sus hermanos en el Norte, en la república ex soviética, pues pesa en ellos mucho más la cultura que la religión. Enfrentados por tradición a los *pastún*, muchos *uzbekos* se unieron a la Alianza del Norte que se opuso a los talibanes.

El resto de los grupos nacionales —*aimakos, turkmenos* y *baluchis*—, cuentan con un pequeño porcentaje de entre el 3 y el 4 %. Su importancia en algunos casos es mayor fuera del propio Afganistán, como es el caso de los *baluchi*, con una gran implantación en el vecino Pakistán, donde hay un movimiento separatista cada vez más fuerte. Los que viven en Afganistán están a caballo entre los dos países y su situación es una mera consecuencia de la arbitrariedad de la «Línea Durand». Hablan una lengua derivada del persa primitivo, y desde luego, cuentan con una historia larga y brillante.

Un grupo de baluchis *afganos posan delante de una de las tiendas de su campamento. La fotografía está tomada en 1900 por el británico Frederick Bremner, uno de los cientos de profesionales que establecieron sus estudios en las ciudades y acantonamientos de la India.*

Los *turkmenos* son, como su nombre indica, un pueblo turco de origen oriental, que llegó a Afganistán en la Edad Media. En su mayoría viven en las regiones del Norte próximas a la república de Turkmenistán.

Los *aimakos* son nómadas y seminómadas de origen persa, que se encuentran en todo en las montañas del Occidente de Afganistán, al norte de

Herat y en la provincia de Jorasán, en la vecina Irán. Hablan varios subdialectos del dialecto *aimaq* del persa, pero algunos grupos del sur de Taymani han adoptado el *pastún*. Una parte son claramente de origen mongol por su apariencia física, a pesar de su habla indoeuropea —como ocurre con los *hazaras*—, pero otros mantienen claros rasgos iranios, aunque están bastante mezclados.

Turkmeno posando con camellos cargados de sacos, probablemente de cereales o algodón. La fotografía está tomada en la frontera de Afganistán, entre 1905 y 1915, por el ruso Sergei Mikhailovich Prokudin-Gorskii.

Todos estos pueblos apenas tienen fuerza para influir en la política afgana. Las regiones en las que viven están casi al margen de la insurgencia islamista actual, pues son etnias en los que las tradiciones culturales pesan más que la religión.

En cualquier caso, por unos o por otros, lo que sí está claro es que el territorio que hoy constituye Afganistán estuvo poblado durante el paleolítico medio. Se han encontrado restos humanos que datan de hace al menos 50 000 años, por lo que no hay duda de que seres humanos modernos vivían en las montañas afganas más de 10 000 años antes de que los primeros *homo sapiens sapiens* llegasen a Europa.

También es casi seguro que, a pesar de la pobreza de su tierra, los primeros agricultores del mundo se establecieran en Afganistán hace más de 9 000 años, lo que dio lugar a los primeros establecimientos permanentes. Existen restos de ciudades al menos desde unos 4 000 años a. C., que deben de estar entre las más antiguas del mundo —cultura de Shortugai—[11].

Sin embargo, los primeros pueblos conocidos de Afganistán eran indoarios, llegados a la zona entre los años 3 000 al 1 500 a. C., por lo que desde tiempos muy antiguos una elite indoeuropea se impuso por la fuerza a los primeros agricultores que ocupaban la región.

Durante cientos de años, tribus de las estepas de Asia Central, todas indoeuropeas y de estirpe irania, se fueron superponiendo —si bien siempre fueron culturalmente muy similares—, hasta que todo el territorio afgano cayó en poder de los persas y quedó organizado en cinco satrapías —provincias—. Una época en la que el zoroastrismo —la religión y filosofía basada en las enseñanzas del profeta y reformador iraní Zoroastro—, se impuso en la zona[12].

Lógicamente las tribus bactrianas de Afganistán, colaboraron con sus hombres en las campañas de los emperadores persas contra Grecia, por lo que por vez primera en la historia, el remoto país de las montañas de Asia Central, tuvo contacto con Europa. Esta la historia de su relación de amor y odio.

---

[11] Probablemente la ciudad actual más antigua es Jericó, que existía hace unos 10 000 años. De esa época es también Çatal Höyük —en Anatolia—, la ciudad neolítica mejor conocida. Es posible que los primeros habitantes de Afganistán estuviesen en contacto con la milenaria civilización del Indo.

[12] El moderno calendario solar afgano muestra la influencia del zoroastrismo en los nombres de los meses.

2
ARMAS AFILADAS

La caballería afgana estaba fuertemente armada, pero muy a menudo formada por ladrones y bandidos que se convertían en soldados solo cuando les convenía. Dispuesta a soportar el hambre, la sed, la crueldad y la muerte, nunca pudo adaptarse a recibir órdenes ni a aceptar la disciplina de un ejército regular.

Tenemos hombres y tenemos un montón de rocas, pero no tenemos nada más.

Dost Mohammed Khan

LAS BRILLANTES CAMPAÑAS de Alejandro Magno en Bactria y Sogdiana, las amplias regiones de Asia de las que el Afganistán actual forma parte, fueron esenciales para que el caudillo macedonio pudiese atacar el valle del Indo. Alejandro se casó con una princesa del país, Roxana, y atravesó con su ejército el Hindu Kush, para librar una violenta campaña en las montañas afganas que duró años. Testigos de su paso permanecerían varias ciudades fundadas en el país por sus soldados, que darían lugar a una brillante cultura grecobactriana que se mantendría durante siglos.

Los restos de la actual Ai-Khanoum, probablemente edificada sobre Alejandría de Oxiana, supuestamente fundada por Alejandro Magno. Los trabajos arqueológicos realizados entre 1964 y 1978 por científicos franceses y rusos fueron suspendidos por la guerra, durante la que se utilizó el emplazamiento como campo de batalla.

Alejandro Magno permitió a los nativos sogdianos y bactrianos mantener sus estructuras sociopolíticas. Posibilitó así el cruce cultural entre lo persa y lo helénico, y tras un tiempo incorporados al imperio helenístico Seléucida, enfrentado al soberano indio Chandragupta, al desmoronarse su frontera oriental, hacia el año 250 a. C., nació el reino de Bactria, que tenía una elite de habla griega, vinculada a Europa y al mundo helénico y que logró expandirse hacia la India. Aunque finalmente fuera destruido por los ataques de masagetas, saces y tocarios, pueblos indoarios, de lengua irania que vivían más allá del Amu Darya[13].

Los célebres budas del Valle de Bamiyan, dos estatuas de piedra talladas durante el siglo VI en el acantilado de piedra arenisca, que fueron destruidos por los talibanes cuando estaban en el apogeo de su poder y libraban una feroz guerra contra la idolatría. Grabado de Ivan Lawrowitsch Jaworski realizado en 1885 para el libro Ruta de la embajada rusa en Afganistán y Bokhara en los años 1878-1879.

La ocupación años después del país por los khusanos supuso la introducción del budismo, que se mantuvo fuerte cuando el imperio persa fue reconstruido por los sasánidas. Invadido de nuevo por hordas de yue-chi y hunos heftalitas, todos ellos pueblos de lengua turca, en el año 651, los árabes, que habían destruido el reino sasánida, llegaron a Bactria. Se vieron obligados a librar duras campañas contra los pueblos turcos e iranios ya establecidos en el territorio y, aunque tardaron casi dos siglos, con Nasr II,

---

[13] En realidad los tocarios, uno de los pueblos más enigmáticos del mundo, eran indoeuropeos occidentales. Estaban más próximos a los primitivos latinos y a los celtas que a los iranios. Llegaron a adentrarse profundamente en China.

entre el 913 y el 942, lograron una islamización general que, curiosamente, permitió a las tribus afganas un mayor nivel de independencia del que habían dispuesto hasta entonces.

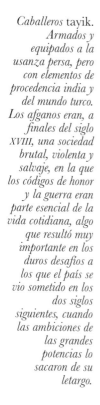

Caballeros tayik. *Armados y equipados a la usanza persa, pero con elementos de procedencia india y del mundo turco. Los afganos eran, a finales del siglo XVIII, una sociedad brutal, violenta y salvaje, en la que los códigos de honor y la guerra eran parte esencial de la vida cotidiana, algo que resultó muy importante en los duros desafíos a los que el país se vio sometido en los dos siglos siguientes, cuando las ambiciones de las grandes potencias lo sacaron de su letargo.*

Invadido de nuevo, esta vez fueron los turcos selyúcidas los que se hicieron cargo de la región, impusieron la dinastía *gurí* y ampliaron el reino hasta la India, donde gobernaron varias zonas hasta el siglo XVI. Las diversas luchas de los príncipes afganos por el control del país, llevaron a la devastadora invasión mongola de Gengis Khan en 1221, que incorporó el país al kanato de Chagatai, excepto la región de Herat, donde los *guris* resistirían hasta 1380.

La tumba de Shah Rukh en Multan, hoy Pakistán. El imperio timúrida se dividió en dos tras la muerte de Timur. La reina Goharshad, esposa del gobernante occidental, Shah Rukh, trasladó la capital desde Samarkanda a Herat, que formaba parte de sus dominios en Jorasán y Persia.

La dinastía de los *timúridas* se inicia con Tamerlán, emir de Transoxiana, que privó de su poder a los *khanes* de Chagatai. Tamerlán construyó todo un imperio en Asia central, que hizo recordar a la época dorada del *imperio mongol*, pero en Afganistán destruyó el estado *guri* arrasando su sistema agrícola. Los *timúridas* entraron en decadencia a lo largo del siglo XV, y si bien en la India el Imperio Mogol aguantó hasta finales del siglo XVIII, en 1507 fueron son derrocados por los *uzbekos* de la dinastía de los Chaybanides.

Afganistán entró por lo tanto en el siglo XVI sin tener aún una identidad clara, por lo que fue en los años que siguieron al hundimiento de los timúridas cuando comenzó a forjarse la auténtica identidad afgana.

2.1 Un reino estéril

Durante los años finales del siglo XVIII, afgano seguía siendo sinónimo de *pastún*. Su territorio estaba gobernado en su mayor parte desde el este, pues fueron los persas de la poderosa dinastía *safávida* o *safavi* quienes ejercieron su soberanía sobre la mayor parte del país entre 1501 y 1722[14], a menudo de forma inestable o temporal, mientras que amplias zonas montañosas seguía en manos de señores de la guerra locales prácticamente independientes.

Los gobernantes safávidas eran originarios de Ardabil, una ciudad de Azerbaiyán que en aquella época formaba parte de Persia. Predominantemente hablaban turco, pero como idioma de la corte y el estado mantuvieron el farsi. Fueron muy importantes en el sentido de que hicieron un esfuerzo enorme por rehabilitar el orgullo de los persas, cuya historia milenaria reivindicaban y lograron crear un poderoso imperio iraní —sin duda el mayor imperio desde la conquista musulmana—, unificado en torno al Islam chiita, que se convirtió en la religión oficial.

Algunos de sus brillantes gobernantes lograron reunir ejércitos de hasta 100 000 hombres, y fueron un rival serio del imperio otomano, la mayor potencia militar del planeta en los siglos XVI y XVII. Dueños de más de la mitad de Afganistán, controlaron sin problemas a las poblaciones de habla irania, como los *tayik* orientales, que tenían su bastión en Herat, o a los *hazaras*, y ejercieron su soberanía sobre grupos *uzbekos* y *turcómanos*.

Pronto le salió un competidor en la región, la dinastía *hotaki*, —también conocida como *afganos hotaki*, debido a su origen—, que impuso su poder en amplias zonas de Asia tras la rebelión de Mir Wais Kan Hotak, un señor de la guerra que en abril de 1708 lideró una insurrección contra los gobernantes *safávidas* en Kandahar.

No tardó más que un año en forjar un estado sólido que se fue extendiendo poco a poco, para llegar en pocos años a controlar no solo la totalidad de Afganistán, sino amplias partes del Oriente de Irán y del Norte de Pakistán.

Tras la muerte de su fundador en 1715, le sucedió en el trono su hermano Abdul Aziz, pero los *ghilzai* convencieron al hijo de Mir Wais, Mir Mahmud Hotaki, para que se alzase en armas contra su tío. Lo logró en

---

[14] En algunas regiones se mantuvieron en el poder hasta 1760.

1717, y dos años después, tras consolidarse en el poder, decidió invadir Irán. La batalla decisiva contra los *safávidas* se dio en Guinabad el 8 de marzo de 1722. La victoria le permitió deponer a la dinastía siete meses después. El 23 de octubre Sultan Husayn abdicó y Mahmud fue reconocido como nuevo *shah* de Persia.

El sitio de Kandahar, Afganistán, por las tropas safávidas en mayo de 1631. La ciudad cambió repetidamente de manos durante la guerra que mantuvieron entre 1631 y 1653 safávidas y mogoles por el control de la región. Ilustración realizada en 1636 por Payag para el Padshahnama, *escrito por Abdul Hamid Lahori.*

El caos persa alarmó a las potencias vecinas —otomanos y rusos—, que se mantuvieron a la expectativa y aprovecharon para atacar sus respectivas fronteras. Mientras, el brillante estratega Nader Kuli ayudó a Tahmasp II, un *safávida*, durante su larga guerra contra el usurpador afgano Mahmud. En 1729, ambos ejércitos se enfrentaron en Damgham. El afgano, a las órdenes de Ashraf Khan, primo de Mahmud; el persa bajo el mando del general Nader. La victoria de Nader permitió expulsar para siempre a los afganos. De regreso a su tierra, las tribus baluchis asesinaron a Ashraf por orden de su primo. No había sitio en el reino para los perdedores.

Claro que tampoco los persas eran muy distintos. Nader, en la cumbre de su popularidad, destituyó a Tahmasp II en 1730 y colocó en el trono a su hijo Abbas III, para autoproclamarse regente. Cuando se cansó del cargo en 1736, ocupó directamente el trono y cambió su nombre por Nadir Shah. Una de sus primeras decisiones fue invadir Afganistán, donde en 1738, durante el largo asedio de Kandahar, derrotaría a Hussain, el último rey de la dinastía Hotaki.

2.1.1 La perla de las perlas

El hombre al que el destino reservaba la fundación del Afganistán moderno nació en 1722. Hijo de Zarghuna Alakozai y Muhammad Zaman Khan Abdali, jefe de los *abdalis*, gobernador de la provincia occidental afgana de Herat y miembro del clan de los *sadozai*. Lo más probable es que naciese en la propia Herat, pero hay quien sostiene que lo hizo en Multan —que hoy está en Pakistán—, luego por nacimiento habría sido súbdito de los gobernantes mogoles.

No conoció a su padre, murió en una batalla con los *hotakis* aproximadamente en la época de su nacimiento. Siete años después, en 1729, cuando Nader Shah invadió su territorio, el joven Ahmad Abdali huyó con su familia al sur de Kandahar para refugiarse con los *ghilzais*, que ya por entonces eran el segundo grupo tribal en importancia de la etnia *pastún*. No le sirvió de mucho, tanto Ahmed como su hermano Zulfikar, fueron encarcelados dentro de una fortaleza por Hussain Shah, el gobernador de la ciudad, hermano de Mahmud Hotaki, que dirigía una poderosa tribu de combatientes *pastún*, y que había colaborado en expulsar del trono de Persia a los safávidas.

En 1738, cuando Nader Shah, que había decidido siete años antes alistar en sus huestes a los guerreros *pastún* de los *abdali* de Herat, conquistó Kandahar, Ahmad Shah y su hermano fueron liberados. Se expulsó a los *ghilzais* y los *abdalis* comenzaron a establecerse en la ciudad, con lo que ambos hermanos alcanzaron importantes cargos en la administración local.

No hay duda de que Nader los favoreció. Tal vez porque eran *jorasanos* —o *khorasianos*— y porque venían de una familia afgana noble muy respetada. Ahmed Abdali demostró una gran eficacia al servicio de su nuevo señor y fue promovido al cargo de asistente personal. Su primera misión fue formar un contingente de caballería con hombres de las tribus *abdali* —que pronto alcanzó los 4 000 jinetes—, para que el *shah* los utilizara en la invasión de la India.

Nader Shah durante la batalla de Kamal el 13 de febrero de 1739, la decisiva victoria que le abrió el camino de la India y le permitió llevarse un fabuloso botín de Delhi. Una obra moderna realizada en 1986 por Adel Adili.

Nader Shah, un hombre brillante y cargado de talento, pero megalómano y obsesionado con el poder, apreció sin duda las capacidades y el valor de su oficial afgano, aunque una parte de la historia parece estar muy afectada por las leyendas de los *pastún*, que han engrandecido de forma exagerada el aprecio de Nader a su héroe nacional. Incluso se escribió un relato, en la tradición de los cuentos orientales, según el cual llegó a prometerle ser su sucesor, tras afirmar admirado que «no había conocido en Irán, Turán e Indostán a nadie con los talentos que Ahmed Abdali poseía».

En junio de 1747 Nader falleció asesinado por sus propios guardias, que lo atacaron por sorpresa. Su escolta afgana de *abdali*s nada pudo hacer para socorrerlo. Tras su muerte, Ahmed, que le había servido con eficacia, lo que le había valido riqueza y poder, además del nombramiento de gobernador de Mazandarán, decidió abandonar el campamento persa en el que había ocurrido el suceso, convencido de que él y sus *abdalis,* corrían peligro si seguían allí. Todos cogieron el camino de Kandahar.

Retrato de autor anónimo que representa a Ahmad Shah Abdali, fundador de la dinastía Durrani. Pertenece a una miniatura mogol fechada en 1757. Biblioteca Nacional de Francia, París.

Durante la larga marcha, Ahmed tomó conciencia de que sus 4 000 hombres, todos jóvenes guerreros *pastún,* feroces y experimentados, eran una fuerza de combate formidable, pero ocurrió algo más, su pequeño ejército errante se tropezó con una caravana persa que llevaba parte del botín capturado en la India. Decididos a aprovechar su oportunidad, los afganos la atacaron y lograron apoderarse de un espléndido tesoro. Ahora además de expertos guerreros eran una fuerza poderosa, pues tenían los medios económicos para comprar voluntades y lealtades. Orgullosos de su joven líder, los *pastún* comenzaron a usar con Ahmed el título de *shah*.

En octubre, los jefes *abdali* se reunieron en asamblea para designar a un líder sólido. Durante nueve días debatieron acerca de quién podía ser el candidato más idóneo, tiempo en el que Ahmed Shah no habló en ningún momento en su favor. Finalmente un líder religioso, con fama de santón, se levantó y dijo que él «no encontraba a nadie digno del liderazgo salvo Ahmed Shah». Todos los jefes estuvieron de acuerdo, y por unanimidad lo eligieron señor de las tribus afganas —en realidad solo de las *pastún*—. Fue coronado cerca de la tumba de Shaik Surkh.

A pesar de su juventud, Ahmed Shah tenía algunas ventajas a su favor, la más importante que era un *sadozai*, por entonces el clan *pastún* más importante, y descendiente directo de Sado, su fundador. Además era, con mucho, el guerrero más experimentado y el que disponía de más hombres absolutamente fieles a su servicio. Eso sin contar con que su principal opositor, Haji Ajmal Khan, jefe de los *mohammedzai* —también conocidos como *barakzai*—, rivales tradicionales de los *sadodzai*, había optado por retirarse y no presentarse a la elección.

Uno de los primeros actos de Ahmed Shah como soberano, fue adoptar los títulos *Padishah-i-Ghazi* «emperador victorioso» y *Durr-i-Durrani* «la perla de las perlas». Había nacido el imperio de Afganistán, que por fin se convertía en un territorio con identidad propia y autonomía de decisión.

2.2 Los Durrani

Una vez asentado en el poder, el brillante Ahmed Shah hizo dos cosas importantes. La primera, intentar rodearse de un grupo de fieles, no solo de sus feroces *pastún*, sino también de otros grupos tribales, aunque no fueran iranios, como los *tayik*, los *qizilbash* o los nómadas *uzbekos*. De esta forma, al ampliar su círculo, fue ensanchando su poder hasta hacerlo coincidir, en gran medida, con el Afganistán que hoy conocemos.

La segunda, atacar a los *ghilzai*. Tanto en su fortaleza de Ghazni, como en Kabul, lo que le permitió controlar el Este del viejo Jorasán. En cinco años de brillantes campañas, sus guerreros atacaron a las tribus nómadas y a los pastores de las montañas al Sur del Amu Darya para lograr formar una frontera estable al Norte y al Este. En el Sur atacó varias veces el Punjab

entre 1747 y 1753, en tres campañas donde logró importantes botines que re-
partió entre sus clanes más fieles, con lo que logró si cabe, una lealtad mucho
mayor.

El subedar —*gobernador*—, *mogol de la provincia de la gran meseta del Deccan, Muzaffar Jang,*
recibe a Joseph François Dupleix, nombrado por Francia en 1742 gobernador de la India. Mien-
tras Ahmed Shah saqueaba Lahore en 1748, y un año después el reino mogol se veía obligado a ce-
derle el Punjab y el Sind, franceses e ingleses se enfrentaban en el sur por el control del subcontinente
asiático.

Los victoriosos Durrani, nombre con el que era conocido en la India
el imperio de Ahmed Shah, habían logrado ampliar sus dominios al Este sin
combatir, solo por el temor que inspiraban entre los emperadores mogoles.
Libres de enemigos en el Sur, las tropas afganas marcharon al Este, y atacaron Herat, en pleno territorio *tayik*, gobernada por Shah Rukh nieto de
Nader Shah. La ciudad cayó en manos de Ahmad en 1750, después de casi
un año de asedio y sangrientos combates. Luego sus tropas avanzaron hacía
el interior de Persia donde ocuparon Nishapur y Mashhad al año siguiente.
Así quedo marcada la frontera occidental del imperio Durrani, en Pul-i-
Abrisham, el punto más importante de la ruta Teherán-Mashhad.

Fiel a su estilo de gobierno, Ahmed Shah mantuvo a sus hombres en
acción. Bajo su control, la guerra se convirtió en la forma de vida de los *pas-*
tún y parte de las otras etnias afganas. Máxime cuando sus expediciones se
contaban por victorias, como cuando tuvo que volver a expulsar a los sijes de

Lahore, que habían retomado la ciudad, y conquistó Cachemira en 1752, durante una campaña fulminante a la que había sido invitado por los propios nobles de la región. Para entonces su política de mano de hierro había logrado que *turcomanos, uzbekos, tayiky, hazaras,* los pueblos del norte, centro y oeste de Afganistán formasen bajo sus banderas. Los recursos de los que ahora disponían los afganos permitían que comenzasen a tener una cierta idea de unidad nacional, y a conducir sus ejércitos más allá de sus montañas.

En 1756, tras unos años de tranquilidad en los que se dedicó a reforzar y organizar su reino y a someter a los pocos grupos nómadas que todavía actuaban por su cuenta, Ahmed comenzó su cuarta invasión de la India. Saqueó Delhi y tomó Agra, Mathura y Vrindavan.

Sin embargo, no desplazó a la dinastía mogol, que se mantuvo en el control nominal del reino indio, siempre y cuando reconociese la soberanía de las regiones que Ahmed se había apropiado. Instaló un emperador títere en el trono de Mughal —Alamgir II—, y decidió acordar matrimonios de interés político para él y su hijo Timur. En su caso optó por la hija del emperador mogol Shah Muhammad, que le permitió ampliar su soberanía para que, en la práctica, fuera aceptada por la compañía británica de las Indias Orientales.

Timur Shah se quedó en la India, casado con la hija de Alamgir II, para salvaguardar los intereses familiares, y Ahmed regresó a Afganistán. En el camino atacó el Templo de Oro en Amritsar y llenó su piscina sagrada con la sangre de las vacas sacrificadas. Allí murió Baba Singh, uno de los mártires de los sijes. Esta acción bárbara, innecesaria y brutal, que jamás sería olvidada por los sijes, abriría una profunda enemistad entre ambos pueblos y tendría importantes consecuencias para los afganos.

2.2.1 *Frente a los* marathas: *Panipat*

El lento hundimiento del poder mogol en el Norte de la India fue aprovechado por los *marathas*[15], que en 1752, por el Tratado de Ahamdiya, cuando los mogoles apenas controlaban ya más que el antiguo sultanato de Delhi, pa-

---

[15] El imperio *maratha*, también conocido como confederación *maratha*, fue una organización estatal que existió en el subcontinente indio entre 1674 y 1818. El imperio fue fundado por Shivaji, que instauró una zona independiente alrededor de Pune, desde el sultanato de Bijapur, que se mantuvo hasta su destrucción por los británicos.

saron a controlar desde su capital, Pune, la mayoría del país. Era el momento de intentar ampliar sus territorios con los que se encontraban al Norte, donde sabían que el verdadero enemigo eran los duros y belicosos afganos.

El Templo de Oro y su piscina sagrada en un grabado de 1833. Según la leyenda sij, Baba había jurado vengar la profanación de los afganos. Dirigió un ejército que se enfrentó con ellos en el pueblo de Gohalwar el 11 de noviembre de 1757 y, tras su derrota, fue decapitado. En la leyenda continuó combatiendo decapitado y consiguió acabar con seis afganos que lo rodeaban.

Para hacerles frente Peshwa Balaji Bajirao, señor de los *marathas*, envió contra ellos a su general Raghunathrao, que expulsó a Timur Shah y su corte de la India y tomó por la fuerza o mediante pactos —según convino a los contendientes—, Lahore, Multan y toda Cachemira.

Ahmed Shah, que desde su retorno a Kandahar pensaba que había solucionado sus problemas en la India, fue consciente a partir de entonces de que con la expulsión de su hijo de Delhi y las campañas *marathas* contra los territorios que allí contaba, tenía un nuevo enemigo en el sureste. Decidió escuchar los desesperados llamamientos de los líderes musulmanes, que como Shah Waliullah pedían su regreso, y enfrentarse la confederación *maratha*.

Antes, para ganar apoyos, declaró la jihad —guerra santa—. Respondieron en masa a su llamada los guerreros de las distintas tribus *pastún*, los *baluchi*, los *tayik* y gran parte de los musulmanes del sur de Asia. Los primeros enfrentamientos terminaron con la victoria de los afganos, que acabaron con las pequeñas guarniciones de los *maratha* en el Noroeste de la India. En 1759, Ahmed Shah y su ejército llegaron a Lahore. Estuvieron a punto de enfrentarse en batalla abierta a los *marathas*, pero estos evitaron el choque, pues buscaban formar un ejército lo suficientemente grande como desafiar con garantías a los peligrosos afganos.

No ocurrió lo mismo al año siguiente, cuando los diversos grupos *maratha* se unieron en un ejército lo suficientemente grande bajo el mando de Sadashivrao Bhau. Chocaron con los afganos y sus aliados musulmanes en Panipat, que, por tercera vez en la historia, se convertía en escenario de una batalla decisiva.

Los *marathas*, tenían entre 45 000 y 60 000 combatientes acompañados por una turba de 200 000 no combatientes, algunos de los cuales eran pe-

Shuja ud Daulah, nawab *de Awadh —el territorio al norte que se conocía como el granero de la India—, con sus cuatro hijos y el general británico sir Robert Barker. La victoria inglesa en Buxar, el 23 de octubre de 1764, abrió los territorios del norte a la Compañía de las Indias Orientales. Un nuevo enemigo se acercaba a las fronteras del imperio Durrani. Obra de* Tilly Kettle realizada en 1772. Colección particular.

regrinos deseosos de ir a los lugares sagrados hindúes en el norte de India ahora en manos de los afganos. Comenzaron su avance hacia el norte de Patdur el 14 de marzo.

Mientras, ambas partes trataron de obtener el apoyo de Shuja ud Daulah, el *nawab* —príncipe— de Awadh, que finalmente se unió a la coalición afgana, que se percibía como el «Ejército del Islam». Esta «infidelidad» fue estratégicamente una pérdida importante para los *marathas*, pues Shuja disponía de importantes recursos económicos muy necesarios para la larga estancia del ejército afgano en el norte de la India, y sin cuyo apoyo, muy probablemente, Ahmed Shah no se hubiese podido mantener en campaña.

El inmenso ejército *maratha* llegó a Delhi el 1 de agosto, y tomó la ciudad al día siguiente. El resto del año se ocupó en una interminable serie de escaramuzas a lo largo de las orillas del río Yamuna, y en una batalla en Kunjpur, que los *marathas* ganaron contra una guarnición afgana de alrededor de 15 000 hombres, cuando el grueso de las fuerzas Durrani estaba aún en la orilla oriental del Yamuna.

El 13 de enero de 1761, en un frente de 12 kilómetros, la coalición islámica presentó contra el gigantesco ejército de la confederación *maratha* la mayor batalla librada en suelo de la India en el siglo XVIII. Un combate brutal y salvaje como ya no se podía ver en ningún otro lugar del mundo.

Derrotados, tras una implacable persecución, los *maratha* fugitivos fueron cazados, apresados en masa y decapitados por los victoriosos guerreros afganos y sus aliados musulmanes. La caballería y los infantes afganos entraron a saco en Panipat y asesinaron a decenas de miles de soldados *maratha* y a todos los civiles que encontraron por el camino en una enloquecedora borrachera de sangre.

Aunque eso no fue nada comparado con lo que les esperaba a los vencidos. Todos los varones de más de 14 años fueron decapitados delante de sus madres y hermanas. Miles de mujeres que no se suicidaron antes de sufrir el deshonor de ser ultrajadas fueron violadas, y tanto ellas como los niños, enviados a precarios campamentos en los que se hacinaron a la espera de ser esclavizados. En los días siguientes las mujeres fueron encerradas en jaulas de bambú y transportadas en carros de bueyes o camellos para ser vendidas como esclavas sexuales o repartidas entre los vencedores. Por último, a los oficiales afganos que habían tenido pérdidas entre sus familiares, se les autorizó a tomarse una venganza suplementaria: perseguir y matar a todos los hindúes que encontraran por los alrededores. Lo hicieron por cientos, con terrorífica saña mientras pirámides de cabezas cortadas se alzaban en los alrededores de Panipat[16].

La tercera batalla de Panipat. El 13 de enero de 1761, el ejército maratha fue derrotado de forma decisiva por las tropas de Ahmad Shah. Fue una oportunidad para los sijes que comenzaron a ganar poder en el Punjab mientras Ahmad intentaba ponerse de acuerdo con el emir uzbeco de Bukhara para establecer una frontera sobre el río Amu Darya.

Los cuerpos de los líderes del ejército derrotado, Vishwasrao y Bhau, fueron recuperados por los *marathas* e incinerados según la costumbre hindú, y Parvatibai, esposa de Bhau, logró regresar a Pune. No lo consiguieron ni Jankoji Scindia, que fue hecho prisionero y ejecutado, ni Ibrahim Khan Gardi, que fue torturado y ejecutado por soldados afganos enfurecidos, cuando lo cogieron realizando los últimos ritos de incineración de Vishwasrao.

Balaji Baji Rao, *peshwa*[17] del imperio *maratha* cruzaba el Narmada con refuerzos, cuando un cansado mensajero le informó del desastre. Nunca se re-

---

[16] Conviene recordar que se trata de un suceso ocurrido en 1761, cuando Europa vivía sumergida en la época de la Ilustración. Se calcula que unos 40 000 marathas prisioneros fueron ejecutados solo al día siguiente de la batalla —según el testimonio de Shuja ud Daulah—, pero la *Gaceta de Bombay* publicó un artículo firmado por *Mr.* Hamilton, —que no vio la batalla, pero habló con testigos—, que hacía referencia a unos 70 000 civiles asesinados y otros 22 000 vendidos como esclavos.

[17] El equivalente actual de un Primer Ministro.

cuperó de la conmoción que le produjo la debacle total en Panipat. Regresó a Pune y falleció el 23 de junio en el templo de Paravati.

Tampoco se recuperaron los *marathas*, pero siguieron como potencia militar predominante en la India. Recuperarían Delhi una década después, pero finalmente serían destruidos tras tres sangrientas guerras, cuando casi se cumplían 50 años del desastre de Panipat. Sus vencedores, los británicos, tardarían mucho más tiempo en marcharse que los afganos.

2.2.2 La insurrección sij y el final de un reinado

Tras su magnífica victoria Ahmed Shah había alcanzado la cima de su poder, pero la campaña, librada a una escala monumental, dejó a su estado sin recursos. Afganistán seguía siendo pobre, y si bien los *abdali* y otros muchos clanes que apoyaban a los Durrani se habían enriquecido, necesitaban vivir del saqueo de regiones ricas si deseaban poder sostener sus aventuras militares.

Ahmed trató de ayudar a la ciudad musulmana de Kashgar, amenazada por la expansión china de la dinastía Qing, que había avanzado por el Oeste y era de nuevo un peligro para los iranios y turcos de Asia Central. Se interrumpió el comercio con los chinos, que respondieron enviando tropas a Kokand, sin embargo, era evidente que los afganos y sus contingentes aliados formados por musulmanes no podían mantener una guerra a miles de kilómetros de sus bases principales. En un esfuerzo por aliviar la situación en Kashgar, Ahmad Shah envió emisarios a Beijing, pero los chinos no cedieron y la región de los oasis cayó entera en sus manos[18]. Para entonces, el monarca Durrani tenía un nuevo problema en el horizonte. Desde finales de 1761, los *sikh* habían comenzado a levantarse en gran parte del Punjab.

En enero de 1762, por sexta vez, Ahmed Shah cruzó los desfiladeros de Afganistán para aplastar la revuelta. Atacó Lahore el 3 de febrero y después cayó sobre Amritsar para, en diciembre, regresar a su reino. La sublevación tardó dos años en reanudarse. En 1764 comenzó una nueva campaña dirigida esta vez por el general *abdali*, Jahan Khan que consiguió expulsar a los sijes de Lahore, parecía que de forma definitiva. No lo fue. Las revueltas y el temor a que su territorio indio cayese en manos de los sijes lo obsesiona-

---

[18] Kashgar, próxima a las fronteras de Tayikistán y Kirguistán es hoy la ciudad más occidental de China.

ron tanto, que lanzó otra campaña contra ellos a finales de 1766. Sería su octava y última expedición a la India.

Agotado por años de guerra, Ahmed Shah Durrani falleció el 16 de octubre de 1772. Fue enterrado en el centro de su querida ciudad de Kandahar, donde se construyó un gran mausoleo que contiene el manto sagrado que llevaba el profeta Mahoma. Allí descansa para la eternidad.

La victoria del rey Durrani sobre los *marathas* influyó en la historia del subcontinente y, en especial, en la política británica en la región. La negativa de Ahmed a continuar sus campañas con más profundidad en la India impidió un enfrentamiento con la Compañía Británica de las Indias Orientales, lo que les permitió seguir acumulando poder e influencia después de la adquisición de Bengala en 1757.

Sin embargo, el temor a una nueva invasión de los afganos quedó grabado en la mente de los británicos durante casi medio siglo después de la batalla de Panipat. El reconocimiento de los logros militares del monarca Durrani quedó reflejado en un informe de la inteligencia británica tras la batalla de Panipat, que hacía referencia a Ahmed Shah como el Rey de Reyes. Este miedo llevó en 1798 a que se mandara un enviado británico a la corte persa, para instigarlos en sus reclamaciones sobre Herat y prevenir una invasión afgana de las posesiones que tenía la Compañía en la India[19].

Uno de sus generales, William Elphinstone, al que conoceremos más adelante, escribió también sobre Ahmad Shah[20]: «De su coraje y actividad militar se habla con admiración, tanto por sus propios súbditos, como en los países que ha conquistado, ya sea en guerras o alianzas. Parece haber sido dotado, naturalmente, para la dulzura y clemencia y, sin embargo, aunque es imposible adquirir el poder soberano en Asia, y mantenerlo sin crímenes, no hay recuerdo de ningún príncipe oriental cuyo reinado se tiña con un menor número de actos de crueldad e injusticia».

Sus sucesores, —desde su hijo Timur hasta Shuja Shah, el último de los Durrani—, aunque es cierto que se enfrentaron con el avance enemigos en todos los límites de su territorio, resultaron en gran medida incapaces de gobernar el imperio afgano. Gran parte del territorio conquistado se perdió

---

[19] En 1770 la Compañía Británica de las Indias Orientales atacó y venció a los Rohillas, aliados de Ahmed Shah.

[20] En Pakistán, un moderno misil balístico de corto alcance ha sido bautizado *Abdali-I,* en el honor de Ahmed Shah Durrani.

La tumba de Ahmed Shah, junto a la ciudadela de Kandahar, en un grabado de 1880. Los visitantes pueden leer en una inscripción: «Bajo la cúpula de color turquesa brillante que domina la ciudad de Kandahar, barrida por el viento y la arena, se encuentra el cuerpo de Ahmed Shah Abdali, el joven guerrero kandahari que en 1747 se convirtió en el primer rey Durrani». El mausoleo está cubierto de azulejos blancos y azules, detrás de un pequeño bosque de árboles, uno de los cuales se dice que es un lugar de peregrinación porque sirve para curar el dolor de muelas.

a lo largo de los años siguientes. No solo regiones periféricas, también zonas *pastún* y de otros linajes Durrani. Prácticamente hasta 1826 reinó el caos en Afganistán, que dejó de existir como una entidad única y se desintegró en una colección fragmentada de emiratos y reinos, que se mostrarían impotentes para hacer frente a los retos que el futuro los deparaba.

2.3 El desafío sij

En los primeros años del siglo XIX, aislado por montañas impenetrables, dividido en grupos tribales de orígenes étnicos completamente diferentes y siempre enfrentados, Afganistán era un mundo tan aislado e impenetrable para los europeos como la más profunda de las selvas africanas. Sin embargo, aunque a los líderes afganos no les preocupase por entonces lo más mínimo la presencia, bien conocida por ellos, de extraños comerciantes, misioneros, aventureros y militares de unas naciones lejanas que en nada afectaban a su país, en un mundo cada vez más interconectado, era imposible que su aislamiento durase mucho tiempo. Aunque ni siquiera pudieran imaginarlo.

La persona que el destino uniría al cambio que iba a producirse en aquel árido imperio nació en 1793, en la importante ciudad de Kandahar que tanto hemos nombrado ya en estas páginas, y que, de una forma u otra, parecía convertirse siempre en el centro de la vida afgana. Era un niño, al que llamaron Dost Mohammad. Su madre era persa, una *kizilbash*, famosa tribu chiita enemiga ancestral de los turcos, y su padre, Payandah Khan, un importante funcionario al servicio de la dinastía Durrani, que aún gobernaba con mano de hierro. Además, era jefe de la tribu *barakzai*, importante grupo *pastún*, por lo que su pertenencia a la etnia dominante en el país, y su cargo, hacían de él un hombre con poder e influencia. De hecho, Fatteh Khan, su hermano mayor, cuando se convirtió en señor de los *barakzai*, apoyó con todas sus fuerzas al por entonces líder de los Durrani, Mahmud Shah, en las campañas militares en las que se apoderó de la mayor parte de Afganistán, para ser restaurado en el trono en 1809. El apoyo de Fatteh al Shah, se tradujo en su nombramiento como visir —Primer Ministro—. Se convirtió en la mano derecha del soberano, y protector y maestro de Dost Mohammad, su muy joven hermano.

Era imposible que la desintegración del poder de los Durrani dejara indiferente a los estados vecinos. En 1811, el *maharaja* Ranjit Singh, el señor de la guerra sij, invadió Bhimber, Rajauri y Kullu, como paso previo a su ansiada ocupación de Cachemira. Aunque eso sí, antes se entrevistó con Fateh Khan para llegar a un acuerdo de alianza con el *shah* afgano, pues el soberano de Cachemira, Atta Muhammad Khan, daba cobijo a Shuja Shah Durrani, un renegado que no reconocía la autoridad del señor de Kabul. A finales de 1812, Fateh Khan, con el ejército del *shah* Mahmud Durrani, cruzó el Indo. Como para los afganos era vital la peligrosa colaboración con los sijes, se aceptó que las tropas de Ranjit Singh, al mando del eficaz y experimentado general Dewan Mokham Chand, recibiesen un tercio del botín.

Ranjit Singh era un hombre notable para la tradicional y rigurosa forma de vida de aquella parte del mundo. Había construido su reino en base a la guerra y disponía, sin lugar a dudas, del ejército más poderoso que podía encontrarse fuera de Europa, la *khalsa*, una fanática hermandad

El maharajá Ranjit Singh (1780-1839), llamado Sher-e-Punjab —el «león del Punjab»—, fue el fundador del Imperio sij, que con sede en la región del Punjab se desarrolló en el subcontinente indio desde 1799 hasta 1849.

de guerreros santos. Entrenado por mercenarios europeos —la mayoría ingleses—, y equipados mejor que muchas de las tropas europeas que podían verse en los campos de batalla napoleónicos, disponía de una de las mejores caballerías que se habían visto hasta la fecha y su parque de artillería era superior al del ejército británico en la India. Pero Ranjit, además de un guerrero feroz y competente, era también un diplomático astuto. No se alió con los británicos cuando vio cómo incrementaban su poder en la región, pero se hizo su amigo. Una prueba de ello es que Gran Bretaña ni siquiera defendió la frontera sij durante mucho tiempo. Se arrepentiría, pero eso ya forma parte de otra historia tan apasionante como esta.

Habíamos dejado a las dos expediciones aliadas por las circunstancias mientras vadeaban el Indo. Ambas llegaron a Jhelum, en el actual Pakistán,

Un grupo de zapadores sij, a sueldo del ejército británico fotografiados en 1858, cuando formaban parte del ejército de la India. Salvo por sus modernos fusiles, su aspecto no era muy diferente al del ejército de Ranjit Singh.

y se dirigieron a Cachemira, pero los afganos, expertos en la lucha en la alta montaña, aprovecharon una fuerte nevada en el Panjal Range Pir, una cordillera en la región del Himalaya interior, para aumentar su velocidad de marcha.

Sus aliados no pensaban permitirlo. Mokham Chand, ofreció al *raja* de Rajauri una recompensa si podía encontrar un camino a través de las altas cumbres que permitiese a los sijes acceder antes al Valle de Cachemira y, al mismo tiempo que las tropas afganas, llegó ante Hari Parbat y Shergarh, las primeras ciudades que se pensaba ocupar, un pequeño cuerpo de tropas al mando de Jodh Singh Kalsia y Nihal Singh Attari. De momento todo parecía igualado.

El visir de Cachemira, Atta Muhammad Khan, no ofreció resistencia a ninguno de los dos ejércitos, pero Fateh Khan se negó a compartir el botín con los *sikh.* Por su parte, Shuja Shah Durrani eligió ser escoltado por Dewan Mokham Chand a Lahore, ahora la capital del imperio sij. No estaba muy seguro de su futuro si era enviado prisionero a Kabul.

2.3.1 Códigos de honor. La batalla de Attock

Ranjit Singh, molesto con el visir afgano que se había negado a compartir los beneficios del saqueo, decidió vengarse, para lo que llegó a un acuerdo con Jahandad Khan, señor de la fortaleza de Attock y hermano del kan de Cachemira, el depuesto Atta Muhammad. Jahandad aceptó, y permitió que se cobijara tras los muros de la ciudad una guarnición sij de apoyo, al mando de Hari Singh Nalwa, comandante en jefe de la *Khalsa.*

Fateh Khan no podía tolerar lo que consideraba una traición, y a la cabeza de 15 000 jinetes partió hacia Attock. Ranjit Singh, consciente del peligro, inició también la marcha para reforzar a sus hombres con jinetes, infantes y artillería. Los dirigía de nuevo Dewan Mokham Chand, que compartía el cargo con Karam Chand Chahalcon, rajá de Burham. Su misión era detener a los afganos.

El ejército de Mokham Chand acampó a 8 millas —13 kilómetros—, del campamento afgano, donde Fateh Khan, consciente de que el enfrentamiento podía ser decisivo, —y aunque permitió que ambas partes se enfrentaron en numerosas escaramuzas con cientos de bajas—, evitó una lucha final que resolviese las cosas de una vez por todas. Ese fue su mayor error.

El 12 de julio de 1812, los suministros afganos estaban agotados. Consciente de ello, Dewan Mokham Chand avanzó con su ejército unos 8 kilómetros, desde Attock a Haidaru, a orillas del Indo, para ofrecer batalla. El día 13 dividió su caballería. Una parte la dejó bajo su mando y otra la puso bajo las órdenes de Hari Singh Nalwa, apodado *Baagh Maar* —el cazador de tigres—. Al mismo tiempo, con un único batallón de infantería, formó una escuadra de infantería para la protección de la artillería que dirigía Gouse Khan. Todo estaba preparado. Mientras, los afganos tomaron posiciones frente a los sijes, con una parte de su caballería bajo el mando del joven Dost Mohammad Khan.

Fateh Khan abrió la batalla con el envío de sus *ghazis* en una carga de caballería que fue rechazada por el fuego pesado de la artillería sij. Los

Hari Singh Nalwa (1791-1837), comandante en jefe de la khalsa, *el ejército del imperio sij. Es conocido por su papel en la conquista de Kasur, Sialkot, Attock, Multan, Cachemira, Peshawar y Jamrud. Hari Singh Nalwa fue responsable de la expansión de la frontera del Imperio* sikh *hasta más allá del río Indo y la boca del paso de Khyber, en la frontera con Afganistán. Obra de sir John Mcqueen realizada a la manera oriental en1890. Museo Británico, Londres.*

hombres de Dost Mohammad, atacaron una de las alas del ejército sij capturaron algunas piezas de artillería y provocaron el caos en todo el flanco. Cuando parecía que los sijes habían perdido la batalla, Dewan Mokham Chand lanzó a su vez una carga de caballería, que dirigió desde su elefante de guerra. Logró rechazar a los afganos y provocar el pánico entre sus filas. Fateh Khan, que creía que su hermano había muerto, huyó a Kabul casi al mismo tiempo que los sijes ocupaban su campamento y recuperaban las piezas de artillería perdida.

En Amritsar, Lahore y todas las grandes ciudades del imperio sij los festejos por la victoria y las manifestaciones públicas de alegría duraron varios días. No por eso desaprovecharon sus líderes la oportunidad que les brindaba la providencia, más aún cuando sus espías les informaron de que los persas habían comenzado el ataque a la provincia de Herat. Ali Shah, señor de Persia, tenía interés en controlar las zonas afganas *tayik*, ya que en ellas disponía de apoyo —aunque un tanto limitado—, de algunos señores de la guerra enemigos de los *pastún* y de los *baluchi*, por lo que creyeron poder asegurar que una gran zona de Afganistán seguiría sus banderas sin dudar. Su ofensiva colocaba a los Durrani en una situación muy incómoda.

Una panorámica de la fortaleza de Attock, junto al Indo, hoy parte de Pakistán. La fotografía está tomada en 1860.

A pesar de la derrota de Attock, el visir Fateh Khan, era consciente de que la invasión persa en Herat debía de ser detenida, por lo que acompañado de su hermano, que tan bien había combatido, dirigió a sus tropas al Este. La campaña tuvo unos resultados excelentes y Herat se recuperó sin apenas problemas, pero Fateh Khan cometió otro error. Tuvo un enfrentamiento con el hijo de Mahmud Shah, que fue apresado, terriblemente torturado y asesinado. Es sencillo imaginar las consecuencias. Mahmud se encolerizó, juró vengarse y ordenó que le entregaran a Fateh Khan.

No iba a ser tan sencillo, el astuto visir, fiel al sistema de clientelas propio de su tierra, había instalado a nada menos que veintiuno de sus hermanos en puestos importantes de la administración del territorio afgano que controlaba Mahmud. En apenas unas semanas Dost Mohammad Khan se alzó en armas, seguido por los clanes de sus familiares. Meses después ya se habían repartido las provincias del reino Durrani. La guerra civil, endémica en Afganistán, volvía a recrudecerse. El pretexto para el inevitable enfrentamiento lo dio la provincia de Multan, gobernada por Muzaffar Khan, señor independiente desde los tiempos de Ahmad Shah Abdali. Tuvo que mantenerse obediente al poder central a regañadientes.

El Zamzama —Zam-Zammah o Zam-Zammeh—, también conocida como el «cañón de Kim» o Bhangianwala Toap, en su actual emplazamiento, frente al museo de Lahore, Pakistán. Fue construido en esa ciudad en 1762, y sus 14 pies de largo y 4,5 pulgadas de calibre —4,382 metros y 24 centímetros respectivamente—, lo convirtieron en uno de los mayores cañones que pudieron verse en el subcontinente asiático.

La muerte de Fateh Khan en 1818 le permitió a Muzaffar una cierta autonomía para no tener que incorporarse a ninguno de los bandos en conflicto, además, desde hacía años pagaba un tributo a los sijes, lo que le permitía mantenerse medianamente tranquilo en el poder. Estaba solo, una magnífica oportunidad para Ranjit Singh, que se mostraba muy atento a todo lo que ocurriese más allá de su territorio.

Los sijes ya tenían por entonces a la *khalsa* en la frontera del Noroeste, y habían establecido una importante red de suministros fluvial, mediante los cursos del Jhelum, Chenab y Ravi. A través de ella enviaba grano, armas, municiones y caballos a su fortaleza en Kot Kamalia, a medio camino entre Lahore y Multan.

En cuanto Ranjit Singh ordenó el ataque a la provincia de Muzaffar Khan se demostró que no era rival para la *khalsa*. Muzaffargarh y Khangarh, sus principales ciudades, cayeron de inmediato en manos de los sijes, que barrieron en campo abierto a los afganos. En Multan, su capital, Muzaffar Khan fue asediado por una fuerza sij muy superior, que pidió a Lahore artillería pesada, incluyendo el legendario Zamzama. A principios de junio, un grupo de *akalis*[21] liderados por Sadhu Singh, escalaron los muros y localizaron una brecha. Los intentos para evitar que sus enemigos entrasen en la ciudad fueron inútiles, el día 18, Muzaffar Khan y todos sus hijos cayeron en combate.

2.3.2 *Las ambiciones de la* Khalsa

Solucionado el problema que constituía Multan, Ranjit Singh pudo terminar el proceso iniciado en 1814 de someter a los pequeños estados de Bhimber, Rajauri, Poonch y Nurpur, con el objetivo de mantener el control de las rutas por la cordillera Panjal Pir, en el Himalaya occidental, y Cachemira. La *khalsa* había logrado sus objetivos militares, pero, en la práctica, el hábil uso que hacían de sus tropas los generales Durrani mantenía la Panjal Pir bajo control afgano, lo que bloqueaba la línea de suministro sij.

En 1819, Azim Khan, gobernador de Cachemira dejó en su puesto a su hermano menor, Jabbar Khan, y se dirigió a tomar Kabul. Birbal Dhar, que había sido uno de sus colaboradores, viajó a Lahore y pidió entrevistarse con Ranjit Singh. Le comunicó que Azim Khan ya no lideraba las fuerzas de la provincia, que no pensaba pagar a los sijes las 800 000 rupias del tributo anual y le suministró información sobre las posibles rutas que podría utilizar para invadir la región.

---

[21] Los sijes más puros de la *Khalsa*.

La toma de Multan por la khalsa, *el ejército sij, en junio de 1818, constituyó una victoria decisiva que alejó a los afganos de la región de Peshawar. Los intentos afganos por recuperarla fueron inútiles.*

Era todo tan sencillo que Ranjit Singh no puso ninguna pega. La fuerza expedicionaria sij estableció dos depósitos para reunir a las tropas, en Gujrat y Wazirabad. El 20 de abril, en tres columnas de 10 000 hombres cada una, perfectamente armados, Ranjit Singh ordenó la marcha hacia el Panjal Pir.

La vanguardia la dirigía Dewan Mokham Chand, Kharak Singh la retaguardia, y el propio Ranjit Singh una reserva de 10 000 soldados para la protección del convoy de material de guerra. El cuerpo expedicionario marchó a Bhimber donde fue reabastecido y, poco después, capturó la fortaleza de Hakim sin resistencia. El 1 de mayo, las dos columnas principales del ejército sij alcanzaron Rajouri. Allí, Agar Khan presentó batalla, pero Singh Nalwa, lo venció con facilidad, lo capturó cuando trataba de escapar y lo envió a Bhimber, donde se encontraba Ranjit Singh. Su hermano, Rahimullah Khan, fue nombrado raja de Rajauri a cambio de que ofreciera la ayuda necesaria para atravesar el paso de Behram.

Al otro lado de las montañas, el *faujdar* —comandante de guarnición—, que mandaba las fuerzas afganas en la región, huyó a Srinagar en cuanto aparecieron los sijes. Mir Mohammad Khan, el *kotwal* de Poonch, y Mohammad Ali, *kotwal* de Shopian, intentaron la defensa en la Dhaki Deo y los pasos de Maja, pero fueron derrotados. Se rindieron a Dewan Mokham Chand el 23 de junio. Ahora Kharak Singh podía avanzar con velocidad hacía Surdee Thana. Mientras, Dewan Mokham Chand dividía su ejército en tres divisiones a las que ordenó cruzar el Panjal Pir a través de diferentes pasos.

El ejército sij se reagrupó en Surai Al, en el camino de Shopian. El 3 de julio avanzó hasta Srinagar, donde le esperaba el ejército de Jabbar Khan. Estaba bien preparado y disponía de artillería pesada, mientras que los sijes llevaban solo armas ligeras y artillería de campaña.

Una vez que sus baterías estaban situadas a la distancia adecuada, Dewan Mokham Chand abrió batalla con un brutal bombardeo al que siguieron varias cargas de infantería y caballería. El ejército Durrani reaccionó ágilmente y en poco tiempo contuvo sin problemas los intentos sijes de asaltar sus líneas hasta que estos reaccionaron y comenzaron a adelantar sus cañones.

Cuando Dewan Mokham Chand supervisaba el movimiento de sus tropas en el flanco izquierdo, Jabbar Khan vio la oportunidad de lanzar el flanco derecho Durrani contra la batería de artillería sij.

Capturó dos cañones y provocó la retirada de sus enemigos, pero abrió demasiado sus líneas, lo que permitió al *akali* Phoola Singh realizar una feroz carga tras reagrupar a sus hombres, que llegó hasta las posiciones de la artillería afgana. Tras una feroz lucha cuerpo a cuerpo con sables y dagas, los afganos se retiraron. Jabbar Khan estaba herido, pero logró escapar del campo de batalla.

Ambas partes sufrieron graves pérdidas, pero los afganos huyeron en desorden hacia Cachemira. Cuando el ejército sij entró en Srinagar, el príncipe Kharak Singh garantizó la seguridad personal de todos los ciudadanos y prohibió los saqueos y las venganzas. La toma pacífica de la ciudad, que en aquellos momentos era el centro del comercio entre el Punjab, el Tíbet, y Ladakh, permitiría la conquista de toda Cachemira. Un inmenso triunfo para los sij.

2.3.3 Nowshera y la pérdida de Peshawar

Enfurecido por sus derrotas, Azem Khan envío de nuevo a sus tropas contra Peshawar en 1822, pero antes hizo una llamada a la jihad contra los sijes. Su intención era que los musulmanes se uniesen a sus banderas fuera cual fuese su etnia. Al principio tuvo éxito y tomó Nowshera, donde Muhammad Zaman Khan destruyó con éxito el puente de Attock y atrapó a las guarniciones sij al Oeste del Indo.

La fortaleza de Peshawar en un grabado de 1850. Situada junto al paso de Khyber, la ciudad es hoy la capital económica, comercial y política de los pastunes de Pakistán.

Sin embargo Ranjit Singh ya había reforzado sus fuerzas en Nowshera con el apoyo de las tribus *pastún* leales al Shah Shuja, al mando del general sij Hari Singh Nalwa. Repelieron con éxito los ataques de los *pastún* fieles a los Durrani en Jahangira, y se retiraron a Nowshera con la esperanza de enlazar con el grueso de las tropas de Ranjit Singh.

El ejército principal estaba al este de Hund, y debía cruzar a la otra orilla del Indo, territorio *lashkar*, donde había miles de combatientes liderados por Syed Ahmad Shah. Lo cruzaron bajo feroces ataques y obligaron a los afganos a retirarse a la colina de Pir Sabak, donde concentraron sus fuerzas en espera de obtener el apoyo de las tropas y la artillería Durrani, bajo el mando de Azem Khan.

Por razones que nunca llegarán a saberse, Azem Khan no cruzó el río Kabul de inmediato para establecer vínculos con los miembros de las tribus que podían ser sus aliados. Una oportunidad que aprovechó Ranjit Singh para, a partir del 23 de marzo de 1823, concentrar su infantería y artillería sobre los *lashkar*. Solo dejó atrás un pequeño destacamento para impedir que las tropas de Azem Khan se reunieran con sus aliados. Tras cuatro ataques, y feroces luchas cuerpo a cuerpo, en las que participó la propia escolta de Ranjit Singh, la victoria sij fue completa[22]. Azem Khan se retiró y los *lashkar*, junto a su señor, Pir Ahmad Shah, se dispersaron en desorden.

Tras asegurar Nowshera, las fuerzas de Ranjit Singh ocuparon Peshawar y la convirtieron en una humeante ruina. Luego llegaron a Jamrud, donde las tribus *khattaks* y *yousafzais* sufrieron una enorme cantidad de bajas producidas por la artillería sij. Solo los detuvieron las altas y agrestes montañas. Mientras acababan con los restos del poder durrani en la región, los sijes se aseguraron de que el Paso de Khyber quedase cerrado.

La victoria de Ranjit Singh marcó el punto culminante de sus campañas. Ahora su imperio se extendía desde el Paso Khyber, en el oeste, hasta el norte de Cachemira y al sur de Multan. Si quería podía intentar avanzar más y tomar Kabul.

Parecía que los sijes iban camino de ser la fuerza dominante en el centro de Asia, pero había un factor en juego que superaba, con mucho, cualquier idea que pudiese tener Ranjit Singh acerca del equilibrio europeo del poder. A los pocos meses de su victoria y de la recuperación completa de la región de Peshawar, a miles de kilómetros de distancia, comenzaba una nueva guerra: los persas se enfrentaban al poderoso imperio ruso.

Todo comenzó cuando el ejército ruso decidió apoderarse en mayo de 1826 de Mirak, un pequeño pueblo de la provincia iraní de Kermanshah, centro de los territorios que se habían perdido con el Tratado de Gulistan, que había puesto fin a la guerra rusopersa de 1813. En respuesta, el 28 de

---

[22] El ejército sij tenía un importante grupo de mercenarios europeos, que organizaron la *Fauj-i-Khas*, una unidad militar al estilo Occidental. Muchos de ellos eran hombres de gran capacidad como Paolo di Avitabile, Claude August Court o el general Jean-Baptiste Ventura.

julio, un poderoso ejército persa dirigido por el príncipe heredero Abbas Mirza cruzó la frontera e invadió los kanatos de Talysh y Karabaj. Su ofensiva comenzó con buen pie, pero enseguida comenzó a torcerse, en cuanto llegaron a la zona los refuerzos enviados desde Moscú que dirigía el coronel Valerian Madatov, «el Murat ruso», un veterano de las campañas napoleónicas que había mandado la brigada rusa de húsares que formó parte de las fuerzas de ocupación establecidas en París tras la caída de Bonaparte.

Madatov detuvo a Abbas Mirza en las orillas del río Shamkhor y esperó a las tropas del general Iván Paskevich. Juntos cayeron sobre los persas y, en septiembre, los obligaron a volver a su territorio. Tras duros combates en las montañas del Cáucaso, la llegada de la estación invernal obligó a suspender la ofensiva hasta mayo de 1827. A partir de entonces Paskévich avanzó de nuevo, tomó Echmiadzin, Najichevan y Abbasabad y trasladó el

El Punjab y Afganistán en el Atlas ilustrado de la moderna historia del mundo. *Dibujado por el celébre cartógrafo británico John Tallis y publicado por el irlandés Robert Montgomery Martin en Londres, en 1851. Para entonces, todos los habitantes de las islas británicas se habín visto dolorosamente obligados a saber donde estaba Afganistán.*

Nobles pastún, *a la izquierda, y del Punjab, en un grabado británico de la primera mitad del siglo XIX. Durante la guerra entre los afganos y los sijes, los* pastunes *combatieron en ambos bandos.*

escenario principal de las operaciones a la Armenia oriental, cuya capital, Ereván, fue ocupada el 1 de octubre tras seis duras jornadas de asedio. Apenas catorce días después, el *shah* se vio forzado a pedir la paz.

El tratado de Turkmenchay, que se firmó en los meses posteriores, incluía el derecho exclusivo de los rusos a mantener una armada en el mar Caspio. Además acordó que los mercaderes rusos podrían comerciar allá donde quisieran en Persia. Este hecho marcaba un cambio esencial en la política comercial en Asia, pues minaba de forma muy grave los intereses británicos. Los rusos se habían metido como una cuña entre la India y el imperio otomano, que sería su siguiente víctima cuando cayó derrotado en una corta guerra entre 1828 y 1829.

El problema para el gobierno británico era serio. Tras su victoria sobre persas y turcos, las tropas del zar avanzaron como un torrente por los kanatos de Asia Central aproximándose a la India. A partir de ese momento comenzó una sorda rivalidad entre ambas potencias cuyo epicentro se situó en aquel país remoto y aislado que hasta entonces nadie en Europa había tenido en cuenta: Afganistán.

Retrato de Iván Fiódorovich Paskevich, realizado en 1834 por el alemán Franz Krüger. Museo del Ermitage, San Petersburgo. Paskevich, había dirigido la 26.ª división de infantería durante la guerra contra Francia y recibido su ascenso a teniente general en el mismo campo de batalla de Leipzig. Por sus victorias ante los persas el zar le concedió el título de conde de Ereván en 1828.

El enfrentamiento duraría décadas, y pondría a prueba a ambos imperios. Los rusos lo conocerían como «El Torneo de las Sombras», aunque pasaría a la historia mundial con el nombre que le dieron los británicos. Había nacido, «El Gran Juego».

EL GRAN JUEGO

La retirada de Kabul. *En enero de 1842, los 4 500 soldados británicos e indios que estaban de guarnición en la ciudad, junto a 12 000 civiles que los acompañaban, abandonaron la capital de Afganistán con la promesa de que se le permitiría retirarse a la India en materia de seguridad. Atacados desde el primer momento, solo un puñado de hombres sobrevivió para contarlo.* Grabado coloreado de Karl Loeillot, publicado por Ostervald l'Ainé, Paris, 1842.

La paciencia es agria, pero tiene una fruta dulce.

LA HISTORIA CONTEMPORÁNEA de las relaciones entre Afganistán y el mundo Occidental nace de la mezcla de los sucesos que se producían en la frontera Norte de la India británica, con los acaecidos en las tierras situadas entre el Cáucaso y Asia Central, donde, Rusia acababa de alterar notablemente el equilibrio de poder entre las grandes potencias europeas en aquel continente.

Desde 1815, Inglaterra, en su estrategia internacional, había dejado de considerar a Francia su peor enemigo para, progresivamente, dejar ya de verla como una amenaza para su imperio. Rusia, en cambio, un aliado necesario durante las Guerras Napoleónicas, se había convertido en un peligroso rival. Desde su impresionante marcha hasta París en 1814, su ámbito de influencia había aumentado en solo veinte años de una forma asombrosa, y se expandía velozmente por el centro de Asia.

Las tropas rusas ocupan Samarkanda, Uzbekistán, el 8 de junio de 1868. Cuando comenzó la Guerra de Crimea, a pesar de todos sus defectos, el ejército británico, con sus fusiles rayados y los revólveres de sus oficiales, estaba mejor armado y equipado en armas portátiles y artillería moderna que el ruso, pero en la década de 1830, ya no era así, el ejército ruso que operaba en Asia Central superaba en todo al de la India Británica.

Habían empezado en 1813, en plenas guerras napoleónicas, cuando obligados a combatir en dos frentes, los ejércitos del zar lograron imponerse a los persas, en una breve guerra que culminó ese mismo año con la firma del tratado de Gulistán, que garantizó la paz en la región, desde el Cáucaso

AFGANISTÁN, UN PAÍS DE MONTAÑAS

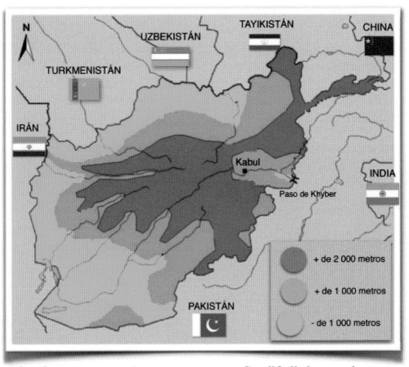

Afganistán es un país con una orografía difícil, lo que lo convierte en un territorio complicado para cualquier invasor. Sus altas montañas y profundos valles, sus quebradas y angostos desfiladeros, son perfectos para las emboscadas y los ataques por sorpresa.

Rodeado de enemigos y mil veces invadido, es un país que resulta casi imposible de someter.

a Kaz, en Kirguistán, por más de una década. Sin embargo para los británicos, el poder mundial dominante desde la victoria en Waterloo sobre Napoleón —y su posterior derrocamiento final—, la continua progresión rusa era una amenaza que no estaban dispuestos a tolerar. Si seguían con su presión desde el Cáucaso y Siberia, hacia el Este y el Sur, podrían llegar a amenazar la India, la joya del Imperio, y eso estaba por encima de todo lo imaginable.

Los rusos sabían bien lo que hacían. Además, por razones internas, era lo que necesitaban. Su expansión era una mezcla de interés económico de los nobles, dueños de las compañías comerciales, muy vinculadas al poder del zar, y la ambición del ejército, donde una gran parte de la oficialidad estaba imbuida de una pasión eslavófila que les llevaba a considerar a su nación como la cabeza del mundo eslavo. Una alternativa a Occidente, cuya cultura y costumbres despreciaban.

A comienzos de los años treinta del siglo XIX, Rusia, establecida ya como uno de los grandes poderes mundiales, era de sobra, la nación más grande del mundo. Sus fronteras se extendían desde el Báltico hasta Alaska[23], pero además, sus colonos, militares y exploradores, seguían avanzando implacablemente hacia el Sur desde sus puestos en Siberia, amenazando a los precarios kanatos del centro de Asia, y acercándose a tiro de piedra de las inmensas montañas tras las que se encontraba la India.

Aunque los rusos deberían de enfrentarse a problemas ingentes, si querían atravesar el Hindu Kush, a los británicos les aterraba la posibilidad de que lograsen hacerlo. Si por alguna razón conseguían solucionar las inmensas dificultades a las que tendrían que hacer frente, controlaban los pasos de montaña y se presentaban a las puertas de los valles de la India, la amenaza sería muy seria. Además, los estrategas británicos sabían que el ejército ruso estaba mucho mejor preparado en material y equipos, e incluso psicológicamente, que las tropas que tenía allí de guarnición. Un destino que utilizaban los oficiales de la metropoli para poco más que hacer carrera y fortuna.

---

[23] A menudo se olvida, pero a principios del siglo XIX los rusos eran un poder tricontinental. En América del Norte habían logrado, ante la inoperancia española, instalar un fuerte en California, Fort Ross, en 1812. Amenazaban con ser una potencia importante incluso en el Pacífico Central, donde habían llegado a establecer en 1818 una posición en las islas Hawai, Fort Elizabeth, y, aunque hoy ya casi nadie lo recuerde, en 1889 Nikolay Ivanovich Achinov había intentado establecer una colonia rusa en África, Sagallo, en el Golfo de Tadjoura.

3.1 Un tablero para dos jugadores

Lo primero que necesitaba el Reino Unido para poder enfrentarse con garantías a la amenaza rusa era conocer bien, y en profundidad, a las tribus y
pueblos del centro de Asia. Eso exigía contar con hombres valerosos y dispuestos a arriesgar su vida en comprometidas misiones de inteligencia en regiones poco conocidas, habitadas por pueblos peligrosos y fanáticos. No solo
eso, también debían conocer las lenguas locales e intentar mimetizarse con
la población, algo realmente complicado. Uno de los primeros seleccionados
para esta difícil misión fue Arthur Conolly, nacido en Londres en 1807 y
primo de *sir* William Macnaghten, secretario del Departamento Político y
Secreto de la compañía Británica de las Indias Orientales.

*Arthur Conolly,
creador del término
«El Gran Juego»
para describir la
lucha entre los
imperios británico y
ruso por la
dominación de Asia
Central, fue un
oficial de
inteligencia,
explorador y
escritor. Lo
capturaron cuando
intentaba liberar al
teniente coronel
Charles Stoddart y
fue ejecutado por
orden del emir de
Bujará, Nasrullah
Khan, el 24 de
junio de 1842.*
Obra de James
Atkinson
realizada entre
1838 y 1840.
Biblioteca
Británica,
Londres.

Con apenas 16 años, Conolly navegó a la India en el *Grenville* para incorporarse al regimiento en el que su familia había podido comprarle un cargo de oficial, el 6.º de caballería ligera nativa de Bengala, una unidad al servicio de la Compañía. Hizo amistad durante el viaje con Reginald Heber, que se dirigía a ocupar el puesto de obispo de Calcuta, y allí lo escuchó evangelizar a los nativos. Llegó a la conclusión de que era necesario ganarse a los musulmanes ofreciéndoles una imagen más amable de los cristianos. En la India aprendió lenguas locales y se interesó por la cultura y costumbres de los pueblos musulmanes de la frontera. Sus viajes comenzaron cuando, ya capitán, se consideró totalmente capacitado para mezclarse con los habitantes de la región.

A finales de 1829 dejó Moscú, donde había sido enviado para conocer las intenciones rusas sobre Asia Central y partió hacia el Cáucaso. Por entonces, en Azerbaiyán y Armenia terminaban los combates entre persas y rusos. Desde allí, disfrazado, y con el seudónimo de «Ali Khan», un juego de palabras de su nombre verdadero, marchó al interior de Asia. Llegó a Herat

La ciudadela de Herat. La poderosa fortaleza afgana fue atacada por los persas, que contaban con asesores rusos. El teniente Edred Pottinger, agente inglés presente en la ciudad, se ofreció para ayudar a los defensores a organizar la resistencia.

en septiembre de 1830 y a la India en enero de 1831, donde comunicó toda la valiosa información obtenida durante el trayecto, al gobierno colonial[24].

Unos años después el mismo Conolly acuñaría el término de «El Gran Juego» para definir lo que ocurría en Asia por causa del enfrentamiento entre los poderes imperiales de la Rusia zarista y Gran Bretaña. El escenario del conflicto iría desde el Cáucaso a las fronteras del Tíbet, y los actores principales evitarían con cuidado enfrentarse abiertamente entre ellos. Salvo en un lugar en el centro del continente, donde era evidente que los intereses de ambas potencias chocaban frontalmente. Aquel Afganistán que había sido poderoso y ahora, extendido por el noroeste de la India, era objetivamente débil, estaba arruinado y, sobre todo, mantenía entre sus habitantes inacabables conflictos que lo mantenían desunido.

3.1.1 Un reino en el noroeste

Afganistán comenzó a llamar la atención del gobierno de la India en los años veinte. Durante toda la década, fueron muchos los agentes ingleses que se aventuraron al otro lado del Paso Khyber para adentrarse en el peligroso territorio que estaba más allá de la frontera del noroeste.

Su nuevo líder al que ya conocemos, el astuto y enérgico Dost Mohammad Khan, un enemigo declarado de Persia, se había convertido en un déspota hábil que había usurpado el trono en 1826 y se mantenía en él al estilo afgano, es decir, usando la violencia. A menudo se ha dicho, especialmente entre algunos historiadores anglosajones, que era un títere de los rusos, pero eso es un disparate. Los ejércitos del zar, si bien eran cada vez más peligrosos para los kanatos vecinos, e intrigaban y presionaban a las tribus *turcómanas* y a los *kazajos*, no podían ser aún, una amenaza seria para Afganistán. Lo que ocurría es que los líderes políticos británicos, con su excelente educación clásica, sabían que la ruta de la invasión de la India tomada por Alejandro Magno había pasado por Afganistán y asumieron que los rusos pronto tendrían la capacidad de hacer una incursión similar[25].

---

[24] En 1834 se publicó un relato de su viaje, que estableció su reputación como gran viajero y notable escritor.

[25] En líneas generales es muy útil conocer bien la historia clásica. Los políticos británicos acertaron en lo sustancial. Aún no habían nacido Halford John Mackinder, Alfred T. Mahan, y Karl Ernst Haushofer, pero «El Gran Juego» contenía ya los principios esenciales de la Geopolítica.

Dost Mahommed, rey de Kabul, y su hijo menor. *Litografía de James Rattray realizada en 1841[26] tras la audiencia que le concedió el emir en enero de ese año, cuando iba camino del exilio en Calcuta.*

En cualquier caso, era evidente, como hemos visto, que hasta la década de 1830, el país había tenido escaso interés para el imperio británico. No dejaba de ser una vasta extensión inexplorada y salvaje, habitada por tribus belicosas y hostiles, que desde el inhóspito desierto de Sind hasta el Turquestán, igualmente estéril, tenía poco valor en comparación con la rica India. Los gobernadores de la India, que aún no controlaban sus fronteras en el noroeste con los belicosos *pastún* afganos, —en aquellos años en guerra con los sijes y más al sur, en Beluchistán—, habían comprobado que sobornar a los emires de las diversas tribus era más eficaz que intentar una aventura militar directa.

---

[26] El teniente Rattray estuvo destinado como agente en Afganistán y participó en la primera guerra entre 1839 y 1842. Falleció en 1854, a los treinta y seis años.

Incluso durante la guerra civil, en la que Dost Muhammad Khan se declaró emir, los británicos no hicieron mucho más que ofrecer al depuesto monarca, Shuja Shah Durrani, una casa modesta y una pequeña pensión.

Shuja Shah Durrani, de la tribu de los pastunes. Había nacido el 4 de noviembre de 1785. Gobernador de Herat y Peshawar, se proclamó quinto rey de Afganistán en octubre de 1801, tras deponer a su hermano Mahmud Shah. Fue derrocado de nuevo por Mahmud el 3 de mayo de 1809 y se exilió a la India, donde fue capturado por Jahandad Khan, gobernador de Attock, y encarcelado.

Pero para desgracia de los afganos, el anonimato en el que se mantenía el país no podía durar. Menos aún en cuanto se vieron en medio de la dura guerra comercial que se habían declarado ya de forma abierta Rusia y Gran Bretaña.

Cuando las condiciones del duro tratado impuesto a los persas por el zar dejó a los ingleses en una situación de inferioridad, se les ocurrió un astuta forma de socavar los intereses rusos: abrir una ruta comercial de la India a Persia, a través de Afganistán, lo que permitiría salvar el escollo que planteaban las nuevas reglas impuestas por los rusos a Teherán.

Para ello, además del valor necesario para adentrarse en el peligroso y brutal territorio afgano, con una tradición de violencia y guerra que convertía a sus habitantes en bandidos, rebeldes y fanáticos religiosos, era necesario enviar previamete a agentes que reconocieran el terreno. Uno de los que se pensó que podía negociar con los señores de la guerra afganos, hombre de cierto talento y habilidades reconocidas para la diplomacia, era Alexander Burnes.

Panorámica de Kabul. Puede verse la ciudad, extendiéndose sin orden por la llanura y la ciudadela, el recinto en el que se encontrba el trono de Afganistán. Apunte del natural realizado por James Atkinsons en 1839.

3.1.2 Negocios sucios

A su llegada a Kabul, aunque parecía evidente que todo el mundo consideraba al depuesto Shujah Shah —un hombre inteligente y atractivo—, como el candidato ideal para el trono afgano, Burnes encontró más interesante su rival, Dost Muhammad Khan, por lo que sugirió que debía ser el «hombre de Gran Bretaña» en el país. Además, en su informe mostraba su oposición a las alarmantes noticias que circulaban sobre los rusos.

Había viajado por el Norte de Afganistán y, sin ningún género de dudas, su conclusión era que las posibilidades de los ejércitos del zar de penetrar más allá del Turquestán podían considerarse una fantasía. El terreno desolado y la barrera montañosa lo harían prácticamente imposible. En cambio, si los rusos penetraban a través de Cachemira, encontrarían menos resistencia y suministros abundantes. Su única pega era que si avanzaban hacía el Punjab por esa vía, se enfrentarían con los sij, por lo que lo más probable era que intentasen «ganarse» como aliados a los afganos, no combatirlos. Según su opinión, Gran Bretaña debía seguir también esa pólitica.

Poco después, el intento de expulsar del trono a Dost Muhammad Khan, y la invasión sij de Pesawar, la provincia más rica de Afganistán, coincidió con los intentos de los rusos para convencer a Mohammad Qajar, el *shah* de Persia, para invadir también Afganistán a través de Herat, pues en la estrategia rusa, muy bien elaborada, si no lograban convencer al soberano afgano, podían destruirlo, y si lo convencían, sería su aliado. En cualquier caso, tendrían la India a un tiro de piedra.

Así que, cuando en 1837 Burnes fue enviado oficialmente a Kabul, se encontró en la poco envidiable posición de competir con la misión diplomática del zar, que buscaba también ganarse a Dost Muhammad Khan. La oferta de Burnes consistía en proteger al país de los persas y los rusos, sin embargo, Dost Muhammad Khan dijo con toda claridad a los delegados de ambas naciones lo que quería: recuperar Peshawar y ayuda militar para la guerra total con Ranjit Singh. Ante algo así, Burnes no tenía nada que ofrecer, más aún cuando para desastre de la delegación británica los rusos accedieron a las peticiones de Dost Muhammad Khan.

Con la perspectiva de toda Asia Central desde Persia a Afganistán, bajo el control de Rusia, y una guerra inminente entre Afganistán y el Punjab, la eliminación de la principal resistencia a la expansión rusa en Cachemira desaparecería, y las tropas rusas tendrían acceso fácil a las llanuras del Indostán. La delegación británica se dirigió de nuevo a la India abatida y desmoralizada, pues la amenaza era ahora muy seria. Para su desgracia, Burnes había acertado.

De regreso en la India se hizo evidente que Gran Bretaña tenía que adoptar una política más agresiva para evitar la catástrofe. Si no era posible lograr el apoyo de Dost Muhammad Khan, habría que deponerle por la fuerza y colocar en su lugar a Shujah Shah. Afganistán, una sociedad tribal aparentemente insignificante, fragmentada y empobrecida tenía la clave para las ambiciones europeas en Asia.

1.- Guerrero *tayiq*. 1750.
2.- Guerrero *qizilbash*. 1700.
3.- Guerrero *pastún*. 1879.

EL AGENTE SECRETO

Burnes, un hombre dotado para los idiomas, era ya en su juventud un gran conocedor del hindi y el persa, lo que le valió un puesto como traductor en Surat, India, en 1822. Poco después, en 1826, fue destinado a Kutch, donde, como era habitual en él, se interesó por la historia, las costumbres y la geografía del país, intentando aprender todo lo posible de los países limítrofes, que todavía no eran bien conocidos por los británicos.

Retrato de Alexander Burnes Nacido en 1805 en Montrose, Escocia, entró con solo 16 años al servicio de la Compañía Británica de las Indias Orientales. Acompañado por Mohan Lal, su fiel ayudante kashmiri viajó a lo largo de todo el Punjab, la frontera del Noroeste, Sindh y Afganistán. Litografía publicada por John Murray en 1843 coloreada poco después por el teniente Vincent Eyre, de la artillería de Bengala.

Convencido de que era interesante para el imperio conocer la frontera del Noroeste, en 1829 propuso una expedición al valle del Indo, que no se autorizó por razones políticas. Sin embargo, dos años después, aprovechando que el rey Guillermo había regalado unos caballos al *maharajá* de los sijes Ranjit Singh, se le permitió llevarlos por el Indo, lo que le sirvió para inspeccionar por primera vez el terreno. Expediciones que continuaría en los años siguientes, explorando el Hindu Kush y alcanzando el kanato de Bujará.

El joven, soltero y valiente, autor de un libro en que contaba sus aventuras —*Viajes por Bokhara, relato de un viaje desde la India a Cabool, Tartaria y Persia*—, fue el héroe de Londres a su regreso a Inglaterra en 1833. Famoso, felicitado por las sociedades geográficas de Londres y París y rico — su relato vendió un millar de ejemplares en su primer día de publicación, que le hicieron ganar 800 libras, una suma enorme para la época—, fue recibido en audiencia por el rey Guillermo IV, y el primer ministro.

Nombrado miembro del Tribunal de Sindh para que el tratado de navegación por el Indo fuese viable, su vida cambió en 1836, cuando fue enviado a Kabul para entrevistarse con Dost Mohammad Khan. Vestido como un nativo, al haber descartado, según sus propias palabras «la parafernalia inútil de la civilización para deshacernos de todas nuestras ropas europeas y aprobar, sin reservas, el traje del asiático, gimiendo bajo turbantes pesados», su viaje no llegó a las conclusiones esperadas. «Bujará Burnes», como se le conocía ya por entonces, estaba convencido de que el soberano afgano no sería un enemigo del Reino Unido, y propuso a George Eden gobernador general de la India, que se le apoyase, pero Eden prefirió seguir el consejo de su asesor político, William Hay Macnaghten e intentar restaurar al depuesto Shujah Shah.

A pesar de que la expedición que iba a enviar Gran Bretaña a Afganistán iba a intentar hacer justo lo contrario de lo que había propuesto, sirvió lealmente como agente destinado en Kabul. Allí se encontraba en 1839 cuando le nombró caballero la reina Victoria, poco antes de estallar la insurrección. Respetado y valorado en la corte, fue informado por sus siervos afganos y por el leal Mohan Lal de que corría peligro, si continuaba en Kabul. Su dominio del persa, y su conocimiento del país, le hizo afirmar que no había nada que temer. Se equivocaba.

A las 03.00 de la madrugada del 2 de noviembre, una horda hostil que se había formado en los alrededores de su casa, que le acusaban de llevar una vida libinidosa y ser enemigo del Islam, prendió fuego a las puertas de su vivienda. Burnes corrió a la azotea en busca de la escolta militar que le había prometido Sujah Shah, pero nunca llegó. Cuando fue informado de lo que ocurría Burnes, que fue atacado por las turbas armadas se mantuvo en su puesto hasta el final. Acabó con seis de sus agresores con serenidad y sangre fría antes de ser asesinado por la multitud. Una muerte heroica que le haría pasar para siempre a la historia británica.

Cabool, el relato de sus vivencias, se publicó en 1842. Es una buena muestra de las ideas imperantes entre los británicos más cultos y atrevidos de la vida y la sociedad de las impenetrables culturas de Asia Central.

Los británicos no estaban interesados en la incorporación de Afganistán en su imperio. Más bien, el gobierno lo veía como una zona de amortiguación entre sus posesiones en la India y una Rusia cada vez más agresiva. Además, si cosacos rusos y cipayos indios tenían que combatir algún día en una batalla, sería mejor que lo hiciesen fuera de la India.

Una réplica de la forma original del legendario diamante Koh-i-Noor, «Montaña de luz», que fue entregado a los sijes por Shuja Shah para obtener su libertad en 1830. Veinte años después fue confiscado por la Compañía Británica de las Indias Orientales, y acabó formando parte de las joyas de la corona británica cuando la reina Victoria se convirtió en 1877 en emperatriz de la India.

Macnaghten, recibió el control de la operación. En 1838 visitó el Punjab, y Ranjit Singh le aseguró la ayuda en la invasión, pero se negó a enviar tropas para la ocupación. La suerte estaba echada. El Imperio Británico se iba a ver envuelto en una guerra en Afganistán. La cuestión era saber cuál sería el coste de llevar adelante la operación de colocar un estado tapón entre la India y la aparente ambición infinita del autócrata más poderoso de la Tierra, el zar de todas las Rusias.

3.2 El final del aislamiento

Los británicos realizaron sus esfuerzos para contener la propagación de la influencia rusa con energía y vigor. Burnes y Conolly no eran los únicos agentes británicos en la zona. En el mismo momento en que Burnes partía hacía Afganistán, otro agente británico se infiltraba entre las tribus *tayik* del Oeste del país. Su nombre era Eldred Pottinger.

Hijo de Thomas Kuhn de Mount Pottinger y Charlotte Moore, Eldred se había educado en el Seminario Militar Addiscombe, para incorporarse al regimiento de artillería de Bombay en 1827. Después de algunos años de servicio fue nombrado en un puesto político gracias a las influencias de su tío, el coronel Henry Pottinger. Al igual que Burnes era un hábil políploto y dominaba el persa, por lo que a pesar de su edad —tenía 26 años en 1837—, pudo hacerse pasar por un hombre santo del Islam cuando viajó a Herat en misión de reconocimiento.

Se encontraba allí cuando la ciudad afgana sufrió el ataque de las tropas persas, asesoradas por oficiales rusos, y con el conde Ivan Osipovich Simonich, coronel del ejército del zar, al mando de las operaciones de sitio. Dada la situación, Pottinger se presentó ante Mahammad Yar Khan, el visir y comandante de las fuerzas de Kamran Shah, gobernante de Herat, y se identificó como teniente del ejército británico. El ataque contra Herat se llevó a cabo con vigor, pero la defensa de los afganos, con la eficaz colaboración de Pottinger fue muy efectiva.

El teniente Eldred Pottinger, agente británico en Afganistán tuvo un destacado papel en la defensa de Herat. Años después, durante la Primera Guerra Anglo-Afgana, sería uno de los rehenes que tomó Akbar Khan, lo que le libró de la espantosa suerte que corrió el ejército expedicionario.

Los persas levantaron el sitio tras un año de combates sin haber logrado ocupar la ciudad. Aunque también es cierto que, para entonces, el gobierno británico había tomado la decisión de enviar una flota al Golfo Pérsico, que desembarcó tropas británicas en la isla de Kharg. Ni que decir tiene que semejante demostración de fuerza impresionó al *shah* que, de inmediato, dio órdenes de suspender las operaciones militares en la provincia de Herat.

Esta actuación decidida parecía que iba a permitir a los británicos encargase del «problema afgano» sin mayores contratiempos producidos por terceras potencias, pero había un problema no resuelto. De igual forma que operaban los agentes británicos en Asia Central, lo hacían los rusos. El gobierno británico supo que había un hábil y misterioso agente que había logrado llegar a Kabul y entrevistarse con el emir Dost Mohammad Khan. De él solo conocían su nombre. Se llamaba, o se hacía llamar, «capitán Vitkevich»[27].

En los meses que siguieron a la retirada persa, los británicos habían decidido, con claridad, apoyar a Ranjit Singh, el ya anciano gobernante del Punjab. El imperio sij continuaba con el ejército más formidable en las fronteras de la India británica, y si había algo que no interesaba a los gobernantes de la colonia era tener de enemigos a la *khalsa*. Es más, esperaban que el estado sij proporcionase una poderosa barrera entre la India y una Persia influenciada por los rusos. En consecuencia, *lord* Auckland, gobernador general de la India británica, para no ofender a Ranjit Singh, decidió que Gran Bretaña estaría a su lado en su disputa con los afganos. Dost Mohammad Khan no tenía otra alternativa que dar la bienvenida a Vitkevich en su corte para saber hasta qué punto los rusos estaban dispuestos a implicarse en el juego del poder entre afganos y sijes.

Para Auckland, la mera presencia de un ruso en Kabul era ya una afrenta. Tomó la equivocada decisión de intentar derrocar a Dost Mohammad, antes de que los rusos pudiesen influir en su política con energía suficiente como para amenazar la India. El hombre elegido para reemplazar al emir afgano era obvio: Shujah Shah.

Cuando la misión de Burnes regresó, Vitkevich podía estar orgulloso de su trabajo. De vuelta en San Petersburgo era consciente de que había logrado

---

[27] Iván Viktorovich Vitkevich, ayuda de campo del gobernador de Orenburg, una guarnición de la frontera rusa. Pertenecía al Departamento Político del Ministerio de Asuntos Exteriores, en San Petersburgo.

un notable éxito, pero para desgracia de su país, la decidida acción política y militar británica comenzaba a dar sus frutos y los acontecimientos en Asia Central se volvían contra los rusos. Cuando Vitkevich llegaba a la capital para presentar sus conclusiones al zar, las tropas persas se retiraban de Herta.

Por una u otra razón, *lord* Palmerston, secretario de guerra, se había salido con la suya. Había exigido la retirada de Vitkevich y Simonich por considerar que estaban desestabilizando Asia Central y lo había conseguido. Como los rusos estaban en ese momento peligrosamente aislados en Europa, y no querían provocar a la potencia dominante hasta el punto de llegar a una guerra, su gobierno afirmó que ambos hombres habían superado sus órdenes e instrucciones y que iban a ser castigados en consecuencia. Para Vitkevich, la vergüenza de ser culpado públicamente de los fracasos políticos en Asia Central fue demasiado. Sacó un revólver y se disparó en la cabeza después de su conversación con el ministro de Relaciones Exteriores. Al parecer, los rusos no habían hecho un seguimiento de su misión en la corte de Dost Mohammad y no supieron aprovechar sus logros.

El 1 de octubre, *lord* Auckland, que quería acelerar el proceso para derrocar al emir afgano, convencido por Macnaghten de que saldría barato si se utilizaban las tropas leales de Shujah Shah y el apoyo de los sijes de Ranjit Singh, hizo público el *Manifiesto de Simla*, en el que anunciaba su intención de sustituir a Dost Mohammed y reemplazarlo por Shujah Shah. El único cambio en los planes fue que Ranjit Singh, no vio ninguna necesidad de ofrecer sus propias tropas para la misión. El astuto *maharajá* era plenamente consciente de que la decisión británica le favorecía, por lo que todo lo que tenía que hacer era sentarse y esperar a ver como sus aliados europeos hacían el trabajo de poner a Shujah Shah en el trono y eliminaban a su enemigo.

El último escollo que le quedaba a Auckland para llevar adelante su plan era la opinión pública inglesa. Tal y como esperaba, la prensa atizó los sentimientos anti rusos con facilidad y comenzó a reclamar una inmediata demostración de fuerza. Se daba por hecho que los afganos darían la bienvenida a su antiguo emir y que los británicos podrían retirar rápidamente sus tropas una vez que hubiesen colocado a Shujah Shah en el trono.

En noviembre de 1838, a mediados del otoño, las tropas angloindias y sus aliados sijes comenzaron a concentrarse en el campo de Ferozepore cerca del río Setluj, en el este de Punjab. Durante unos días se celebraron desfiles, demostraciones y paradas en las que los aliados mostraron sus brillantes y coloridas fuerzas.

Ranjit Singh, un gran anfitrión, invitó a los comandantes de la expedición y a algunos hombres y mujeres de la alta sociedad a su casa. Organizó una gran fiesta al estilo punjabí, servido por su harén de jóvenes finamente vestidos y decenas de bailarinas desnudas, y aprovechó la reunión para expresar la decisión que había tomado. Aunque la marcha de Peshawar a Kabul a través del Paso Khyber era de menos de 300 kilómetros, no estaba de acuerdo en tener al ejército británico de marcha por todo el Punjab, por lo que «sugería» que se cruzase la frontera en el Sind.

Miembros de la infantería nativa de Bengala en un grabado anónimo fechado en 1840. El Raj *británico —*Raj *es literalmente reinar en hindi—, fue como se conoció a su dominio en el subcontinente de la India hasta 1947. La región bajo su control incluía áreas directamente administrados por el Reino Unido y estados principescos regidos por gobernantes individuales bajo la supremacía de la Corona británica.*

Auckland era demasiado tímido para presionarle, así que ahora la fuerza británica y el ejército de Shujah Shah tenían que entrar en territorio afgano por el Paso Bolan y hacer 2 000 kilómetros hasta Kabul. El único favorecido era Rangit Singh, dado que el ejército invasor debilitaría a los afganos en la provincia de Kandahar, tal y como él deseaba. También es cierto que a los estrategas británicos la propuesta no les había parecido despreciable. Durante algunos años los señores de las tribus del Sind habían mostrado ciertas inclinaciones hacia los afganos, e incluso eran proclives a que se notase que, en caso de conflicto no sería seguro que se mantuviesen en el bando británico. Un desvío para conquistar y ocupar el Sind daría la oportunidad al ejército expedicionario de garantizar la ruta comercial de Karachi y asegurarse de que no quedaba un enemigo en su retaguardia.

Además, era probable que los afganos pensasen que los británicos utilizarían el Paso Khyber y montarían una fuerte defensa en esa posición, por lo que el cruce de la frontera por un lugar más lejano podía tomarlos por sorpresa.

Así pues, se decidió que el ejército se dividiese en tres fuerzas, que entrarían en Afganistán desde diferentes lugares. Los sijes, junto con un pequeño contingente británico al mando del teniente Claude Wade, a través del Paso Khyber. Las angloindias en dos grandes grupos. El principal, al mando de *sir* Willoughby Cotton, con 9 500 hombres llegados de Bengala iría acompañado de los 6 000 de Shujah Shah, equipados y armados por los británicos. Juntos embarcarían y descenderían por primera vez el río Setluj, en un viaje de 800 kilómetros, para invadir el Sind y marchó hacia Quetta por el paso de Bolan.

Mientras, una fuerza de 5 600 hombres, concentrados en Bombay, mandada por *sir* John Keane, comandante en jefe del ejército del Indo, navegaría directamente desde Bombay a Karachi y se encontraría con el primer grupo en Quetta. Con el ejército iría un tren de 30 000 camellos, y 8 000 carros de bueyes. La guerra iba a comenzar y nadie, absolutamente nadie en la India, pensaba en otro resultado que no fuese un triunfo total.

3.3 La primera guerra angloafgana

Es muy complicado detener la maquinaria de una potencia imperial cuando se ha puesto en marcha, pues todo tipo de intereses confluyen al mismo tiempo y hacen complicado retroceder. Para la campaña en el desconocido y salvaje territorio de Afganistán, la Compaña recibió apoyo directo de tropas de la Corona. Cuando todas se concentraron en Ferozepore, en el Punjab, y desfilaron ante Ranjit Singh, se comprobó que, al menos por su aspecto, eran una fuerza formidable.

Tras atravesar el Paso Bolan en la primavera de 1839, en dirección a Quetta y Kandahar, la expedición británica mostró de forma clara una de sus debilidades. El ejército sería magnífico, pero en realidad parecía una ínfima minoría en comparación con la horda de seguidores que lo acompañaba y entorpecía su marcha. Familiares, sirvientes, mozos, guías de los camellos y animales de transporte, comerciantes avispados, y toda una colección de vividores que, como parásitos, se habían pegado al cuerpo principal del ejército[28].

El cruce del Paso Bolan, de 60 kilómetros de largo y unos 1 790 metros en su punto más alto, le llevó al ejército dos semanas. Las primeras pérdidas se produjeron a manos de baluchis hostiles ocultos en las cuevas que jalonaban todo el camino, sin que se pudiera hacer nada por evitarlo. Litografía de James Atkinson realizada en 1842.

Obviamente un número tan grande de personas provocó los primeros problemas por el simple hecho de que debían alimentarse sobre el terreno. La cosecha del año anterior había sido escasa y los recursos disponibles eran limitados, por lo que inmediatamente surgieron los primeros incidentes con los habitantes de las áreas de paso. En cuanto se intentaron conseguir ali-

---

[28] Se decía que el comandante en jefe británico usaba 260 camellos solo para su equipaje personal.

mentos frescos y agua. Por otra parte, a pesar de los acuerdos entre los jefes de las tribus *baluchi* locales, las tensiones provocadas por la expedición y la naturaleza tradicional depredadora de los montañeses, produjeron entre los grupos de rezagados las primeras bajas en la lenta travesía por el Paso Bolan. Un problema que se acrecentó cuando el grupo que había remontado el Indo para reunirse en Quetta con el grueso de la expedición, encontró también gravísimos problemas de alimentación que no se solucionaron hasta que los *baluchi* accedieron a vender 10 000 de sus ovejas.

FUERZAS BRITÁNICAS E IMPERIALES

Ejército del Indo

Tropas británicas
4.º Regimiento de la Reina de dragones ligeros.
16. º Regimiento de la Reina de dragones ligeros (lanceros).
2.º Regimiento de infantería de la Reina.
13.º Regimiento de infantería ligera, 1.º de Somersetshire.
17.º Regimiento de infantería de Leicestershire.
44.º Regimiento de infantería de East Essex.

Tropas Indias
2. º y 3.º Regimientos de caballería ligera de Bengala.
31.º Regimiento de lanceros.
3.º Regimiento de caballería de Skinner[29].
34.º Regimiento de caballería Poona.
1.º Regimiento de fusileros de Bengala.
Regimiento de Shah Shujah Khan.
2.º, 16.º, 27.º, 31.º, 42.º, 43.º y 48.º Regimientos de infantería nativa
    de Bengala.
19.º Regimiento de infantería de Bombay.
1.ª, 2.ª y 3.ª Compañías de zapadores y minadores de Bengala.

---

[29] Creado originalmente en Hansi en 1814 por el teniente coronel James Skinner como 2.º
    regimiento de caballería de Skinner, los diversos cambios y fusiones alteraron su nombre.

Para evitar que hubiera más dificultades de las que eran evidentes, el gobierno de la India envió varias misiones diplomáticas para contactar con los líderes locales. Dos eran los objetivos británicos, el primero, tranquilizar a los kanatos y a los estados vecinos acerca de las intenciones del ejército, y asegurarles que su avance nunca llegaría a sus territorios. El segundo, vigilar los movimientos rusos en la zona y detener en lo posible su influencia, ofreciendo a los emires seguridad o ventajas comerciales.

La fortaleza de Bujará[30]. *Al coronel Charles Stoddart le correspondió la misión ante su emir, pero algún problema en la forma de acceder a él le costó caro, pues se sintió ofendido. El agente inglés fue detenido y encarcelado en unas condiciones espantosas. Allí seguiría durante años, hasta que Arthur Conolly intentó liberarlo y ambos fueron ejecutados. Sus cuerpos nunca se rescataron, aún permanecen en algún lugar bajo las murallas. Ser europeo en Bujará no era por entonces algo sencillo*[31].

Solucionado el problema de las provisiones las tropas que subían por el Indo lograron contactar en Quetta con el grueso de las tropas que venían de la India. En total quedaron bajo el mando de sir John Keane 21 000 hombres, sin contar las masas de seguidores. El temor a que Kandahar se hubiese fortificado y se tuviese que poner en marcha un complicado asedio se disipó cuando los informes de la inteligencia británica indicaron que había sido evacuada. Macnaghten tuvo una buena idea. Sugirió que la ciudad la ocu-

---

[30] El antiguo estado del Asia Central fue protectorado ruso desde 1873 hasta su desaparición durante la Revolución. En 1920 se convirtió en la República Popular Soviética de Bujará y su territorio ahora se reparte entre las repúblicas de Uzbekistán y Tayikistán.

[31] Estaba claro que al emir le preocupaba más el avance ruso hasta Khiva, a las puertas de su estado, que cualquier cosa que hiciesen los británicos, y no quería quedar mal con quienes veía como una amenaza mucho más real.

pasen los afganos leales al mando de Shujah Shah, pues pensaba con razón, que un afgano sería mejor recibido por la población que un ocupante extranjero.

La llegada a Kandahar fue seguida por una impresionante parada militar en la que la fuerza y el poder de los aliados de Shujah Shah quedaron claros. El alto mando británico se mostró satisfecho, pero no reparó en la indiferencia con la que el acto fue recibido por los habitantes de la ciudad. Estaba claro que Shujah Shah no contaba con el apoyo popular, pero nadie pareció darle importancia.

3.3.1 Ambiciones razonables

Aunque algo decepcionados por la sensación de que el pueblo no estaba con el «títere» que pensaban colocar en el poder, continuaron el avance hacia Kabul. Ghazni, una formidable fortaleza que con sus fuertes muros se presumía inexpugnable fue el primer obstáculo de importancia. Más aún si se tenía en cuenta que, debido a los problemas de abastecimiento, el material pesado de asedio británico había quedado atrás. El problema se solucionó el 22 de julio gracias a la importante ayuda del hábil Mohan Lal, uno de los más sagaces espías al servicio de los británicos. Por él supieron que una de las puertas de la ciudad, la de Kabul, no había sido tapiada y reforzada.

La noche siguiente, Henry Durand, un oficial de los ingenieros bengalíes se acercó con sus zapadores y, mediante cargas Satchel, intentó demoler las puertas, mientras que en el extremo opuesto la infantería lanzaba un ataque de diversión. Tras varios intentos logró abrir una brecha y las tropas de asalto del coronel William Dennie penetraron en la fortaleza. Los afganos nunca habían combatido con un ejército europeo moderno y su sorpresa fue absoluta. El valor y ferocidad difícilmente podían igualar la fría habilidad y la organización de sus enemigos. La lucha dentro del recinto del fuerte degeneró en una matanza, y la caballería persiguió a los fugitivos que intentaron escapar para cazarlos con terrible eficacia. Al menos 500 afganos perdieron la vida, 1 600 fueron hechos prisioneros y centenares quedaron heridos. En el ejército angloindio las cosas fueron mucho mejor. Tuvieron 17 muertos y 165 heridos.

Tras lo sucedido en Ghazni era evidente que los británicos no podrían ser detenidos en su avance hacia la capital afgana. Días después, una pequeña tropa inglesa que había atravesado el Paso Khyber tomó el puesto de Ali Masjid, por lo que Dost Mohammad comenzó a perder autoridad entre sus guerreros. Ante la gravedad de la situación, optó por no defender su capital y se retiró hacia el Norte, por el Paso Bamyan. Una semana después, a mediados de agosto, Kabul estaba en manos británicas.

Litografía de dos guerreros afganos, generalmente mal identificados como enemigos de los británicos. En realidad los hombres que se muestran aquí pertenecían a una unidad irregular creada en Kohistan, una región al noreste de Kabul, y estaban el mando del teniente Richard Maule, de la artillería de Bengala. Se llamaban Rangers de Kohistan y formaban parte de la fuerza de Shah Shuja. Maule y sus sargentos fueron asesinados por sus tropas el 3 de noviembre de 1841. Obra de James Rattray realizada en 1842.

Shujah Shah era de nuevo el señor de la ciudad que años atrás se había visto obligado a abandonar, pero los pocos habitantes que no habían huido lo trataron con indiferencia y frialdad. No pareció importarle. Feliz de ocupar el trono, con su elegante aspecto y sus ricos vestidos, el rey de Afganistán quiso dar la sensación de que todo iba bien aunque su gobierno se sostuviera precariamente gracias a las bayonetas extranjeras. Convencido de ello, Auckland ordenó regresar al ejército del Indo del general Keane y dejó como apoyo a la administración pro británica y responsable de mantener el orden al general Abraham Roberts. Bajo su mando quedaban solo una división de infantería, un regimiento de caballería y una batería de artillería. En total, algo más de 8 000 hombres. Una exigua fuerza para un lugar tan comprometido.

La retirada de Keane no fue fácil. Sus hombres fueron constantemente hostigados por los afganos y, a pesar de los sobornos a los jefes de las tribus, las líneas de comunicaciones y los puestos británicos de camino a la India, atacados sin tregua. El repliegue se convirtió en una nueva campaña en la práctica, pues Keane se vio obligado a combatir a las tribus hostiles, atacar sus fortalezas en las colinas —desde la de Kelat, en el actual Pakistán, habían partido los ataques contra las tropas británicas cuando atravesaron el Paso Bolan—, y pacificar toda la ruta que controlaban las tribus *baluchi*.

Debido a la difícil situación y a que parecía claro que el territorio afgano no estaba pacificado, Keane dejó una importante fuerza en Kandahar, al mando del general William Nott, y estableció guarniciones en Ghazni y Jalalabad, pero el grueso de las tropas, como estaba previsto, volvió a la India.

Al cabo de unos meses la calma pareció restablecerse y la vida en Kabul y otras ciudades afganas regresó a su rutina habitual. Los británicos, convencidos de que Shujah Shah controlaba la situación, se sentían tan seguros, que al igual que hacían en las ciudades de la India en la que no había riesgo de rebelión de los nativos, se instalaron fuera de las murallas, el este de la ciudad, en terreno abierto. Su campamento disponía de un gran patio de armas central, alrededor del cual, en hileras, se situaron pequeñas cabañas o tiendas de campaña. Solo el río lo separaba la ciudad. A los oficiales no pareció importarles dejar sin protección las crestas y colinas que rodeaban la capital.

A mediados de 1840 ya no parecía haber diferencias con otros lugares del inmenso imperio británico, y los funcionarios y militares que estaban allí destinados trataron de convertir su lejano puesto en un lugar lo más agradable posible. Todos los días participaban en las apuestas, en los torneos de lucha afgana, en las peleas de gallos o en las carreras de caballos, para los que llegaron a construir una pista al estilo de las de Inglaterra. En invierno, patinaban en el río helado y jugaban al cricket y al polo. La presencia de las familias y las bodas entre algunos soldados indios con muchachas afganas, a pesar de la consternación que provocaba el hecho en las familias de ellas, no eran sino aparentes pruebas de normalidad. Todos parecían haberse olvidado de Dost Mohammad Khan.

Shuja Shah durante un durbar *—una reunión ceremonial—, en Kabul. Puede verse el despliegue británico en los principales puntos de la ciudad. Litografía de James Atkinson.*

Tras su huida al Norte, el príncipe afgano había encontrado refugio en Bujará, donde el inestable y peligroso Nasrullah Khan había optado por encarcelarlo, tal vez a la espera de como se desarrollasen los acontecimientos. Al comprobar que no parecía que los europeos fuesen a marcharse, le cobró un buen rescate y lo envío a su tierra con un grupo de jinetes uzbecos. Para sorpresa de todos, el 4 de noviembre se entregó a los británicos para disfrutar de una cómoda prisión en la India. Fue la confirmación para el gobierno británico de que el país estaba firmemente bajo su influencia y de que las tropas que apoyaban a Shuja Shah podían retirarse con tranquilidad de forma escalonada para poner fin a lo que ya comenzaba a ser una costosa operación militar.

Nadie pareció tampoco darse cuenta de que tras el aspecto regio y noble de Shujah Shah se escondía un alma vengativa dedicada a perseguir con saña a quienes se le oponían. Rodeado de aduladores que solo pensaban en enriquecerse a costa de un pueblo que sabía perfectamente que se mantenía en el poder únicamente gracias a las tropas angloindias, ni siquiera atendía con el debido respeto a los nobles de las tribus. Una situación que desencadenó que los soldados británicos e indios se encontrasen cada vez con más dificultades y fuesen acosados e insultados en las calles, los establecimientos públicos y los bazares cada vez mayor frecuencia.

La gran cantidad de criados que los británicos habían contratado para su servicio y los sueldos que les pagaban, hizo que la vida subiese mucho en Kabul, donde la población comenzó a culpar a los extranjeros del coste de la vida y de la escasez de productos que, según decían, acaparaban. Día tras día se producían momentos de tensión y en ocasiones actos violentos, que se agravaron cuando llegaron informes de Kandahar y sus alrededores que avisaban de que los mulás estaban predicando la obligación de expulsar a los extranjeros del suelo afgano.

Macnaghten no hizo caso de las denuncias e insistió en que todo debía seguir según lo planeado. Había sido ascendido al cargo de gobernador de Bombay, como recompensa por su éxito en Afganistán y no quería crear problemas en tanto estuviese en el país. Dio igual lo que pensase, desde el momento que un joven oficial político, el teniente Loveday, fue encontrado bárbaramente asesinado y encadenado a las alforjas de un camello en las colinas al sur de Kelat. Los soldados ya no podían viajar solos. Se recomendó que siempre que se desplazaran lo hicieran en grupos armados.

Por primera vez a los oficiales británicos más experimentados comenzó a preocuparles la situación de su campamento en la capital. De repente se volvieron conscientes de que no todo era como debería ser y de que su posición parecía muy vulnerable si no se controlaban las colinas. Entre ellos estaba el comandante en jefe, el mayor general Roberts, que estaba tan disgustado con la visión idílica que transmitía Macnaghten que solicitó el traslado y renunció a su cargo.

Peor aún fue la completa ignorancia en la India de cómo se complicaban las cosas en Afganistán. Ajenos a todos los problemas, los gestores de la Compañía Británica de las Indias Orientales insistieron en que los costes de la misión eran prohibitivos y, para ahorrar, solicitaron que todas las fuerzas no esenciales fuesen enviadas de vuelta a la India. Gran parte de las tropas de Nott, situadas en la provincia de Kandahar, se prepararon para salir del país, al mismo tiempo que Macnaghten cedía a la presión de la Compañía y dejaba de realizar los pagos convenidos con las tribus que controlaban los pasos esenciales en las montañas. Ahora sí que la guarnición de Kabul estaba en peligro.

3.3.2 La crisis

Era difícil poner como sustituto de Roberts a alguien peor que el mayor general William Elphinstone, que no había estado en campaña desde Waterloo y parecía decrépito, acabado e incompetente. Justo lo que demostró ser. Solicitó el cargo como un anticipo de su retiro y, gracias a sus influencias, consiguió un puesto para el que era evidente que no estaba preparado. Tenía gota, apenas podía caminar y lo consumían las enfermedades. Desde luego no era el hombre más preparado para afrontar uno de los mayores desafíos a los que se iba a enfrentar en la historia un ejército británico.

William Elphinstone, nacido en 1782, había comprado su cargo de oficial para unirse al ejército en 1804[32]. En 1813, ya había logrado llegar a teniente coronel y dirigía el 33.º regimiento de infantería, con el que combatió en Waterloo. Lo ascendieron a general en 1837, después de haber servido con el grado de coronel como ayuda de campo del rey Jorge IV. Moriría de disentería, en cautividad, el 23 de abril de 1842. Acuarela de William Derby realizada en 1837.

---

[32] Era lo normal. Solo las familias con buenos recursos podían acceder a que sus hijos fuesen oficiales en el ejército británico de la época. La guerra favorecía los ascensos, pues se producían gran número de vacantes.

Mientras la situación comenzaba a hacerse incontrolable para los británicos y sus aliados. Burnes, con buen criterio, se opuso a que se abriese fuego contra los afganos, aunque aconsejó que las tropas de Shujah Shah, o las fuerzas angloindias, acabaran con el conato de revuelta de forma inmediata, o las cosas podrían complicarse aún más. Lo que no podía imaginar es que la indecisión y la falta de criterio, que iban a ser la perdición británica, habían comenzado a instalarse en las mentes de los altos mandos. Ni Macnaghten, detenido por su ambición y codicia, y dispuesto a «no dar problemas» pasase lo que pasase, ni por supuesto el acabado vejestorio de Elphinstone, sabían qué hacer. Especialmente este último, que se había caído del caballo durante un paseo sin importancia y aún no estaba recuperado.

Shujah Shah sí actuó con rapidez. Insistió en que sus tropas eran suficientes para aplastar cualquier insurrección popular y rechazó la ayuda británica, mientras, en torno a la casa de Burnes la multitud airada comenzó a lanzar piedras e incendió los establos. Poco después un disparó abatió un oficial de cipayos, que respondieron al ataque. Mohan Lal, que había advertido de lo que podía ocurrir vio con horror cómo su amigo Burnes fue despedazado a golpes de cuchillo por una masa enfurecida que estaba fuera de control.

Los cerca de 200 hombres enviados por Shujah Shah para rescatar al agente inglés, al igual que la treintena de cipayos que intentaron protegerse de los afganos enloquecidos, fueron también aplastados por la multitud. A continuación, tiendas, edificios del gobierno, tribunales de justicia y cualquier símbolo del poder del «esbirro» de los británicos, resultaron arrasados e incendiados. Las columnas de humo eran visibles desde el campo inglés, pero ni Macnaghten ni Elphinstone intervinieron, lo que animó a los insurrectos, que veían como no parecía que los extranjeros tuviesen capacidad para defenderse.

En los días siguientes lo sucedido en Kabul se conoció por todo el país. Un regimiento de *gurkas* nepalíes, tal vez los voluntarios más eficaces del ejército de la India, fue prácticamente aniquilado en una serie de feroces combates en el área de Charikar, y guarniciones como la de Jalalabad, sufrieron duros ataques encaminados a bloquear los pasos de montaña por los que podía llegar el socorro. Las tribus afganas, que ya no recibían los subsidios, atacaron a todos los extranjeros que encontraron en las rutas que iban de la capital a los pasos con la India, y hasta una de las columnas de tropas nativas de Nott desapareció sin dejar rastro.

Afganistán estaba sumido en el caos más absoluto. Fue entonces cuando apareció lo que las tribus necesitaban, un líder capaz de aglutinar a grupos tan dispares. Se llamaba Akbar Khan, y era uno de los hijos de Dost Mohammad. Entre abril y octubre, desde el norte del Paso Bamiyan a las montañas del Hindu Kush, miles de guerreros se sumaron a su causa. En noviembre, a la cabeza de 6 000 de ellos, cruzó la frontera y penetró en su país.

El príncipe Mohammad Akbar Khan líder de la revuelta contra los británicos de 1841. El 2 de noviembre los ciudadanos de Kabul siguieron su ejemplo y se sumaron a la insurrección. La guarnición de la capital la formaban unos 4 500 soldados británicos, de los que 690 eran europeos, pero la victoria afgana culminó con la muerte o desaparición de casi 16 500 hombres, mujeres y niños de todas las edades, muchos de ellos civiles. El suceso conmocionó a Gran Bretaña y a la India y hoy aún se recuerda. Akbar falleció en 1845 en extrañas circunstancias. Quizá envenenado por su padre, que temía su ambición. Litografía de Vincent Eyre publicada en 1842.

En Kabul los británicos más veteranos empezaban a ser conscientes de que se encontraban en un grave aprieto. El campamento, con un perímetro defensivo de casi dos kilómetros de largo, era demasiado grande para el número de soldados que lo defendían y, por si fuera poco, las provisiones y los abastecimientos estaban en una fortaleza independiente, a más de 300 metros del acuartelamiento principal.

El 23 de noviembre los afganos comenzaron con su artillería a bombardear a placer el campamento y la llanura. Cuando las bajas comenzaron a ser sensibles, Elphinstone pareció salir de su letargo y ordenó un contraataque, en el que su infantería demostró su entrenamiento y capacidad y logró tomar dos de las piezas con las que los hostigaban. Ante el ataque de la caballería afgana, los infantes respondieron formando en dos cuadros, algo lógico, pero que no funcionó en Asia Central como lo hubiera hecho en Europa. Los jinetes optaron por no cargar en masa contra los cuadros y se limitaron a disparar con sus *jazails* contra los oficiales y hombres más expuestos, abatiéndolos a gran distancia, para consternación y desmoralización de los británicos que no encontraban forma de defenderse con eficacia. Penosamente regresaron a refugiarse al campamento donde se atrincheraron lo mejor que pudieron. La clara y calamitosa derrota no hizo sino envalentonar a sus enemigos, que sabían que los extranjeros estaban atrapados.

La llegada del príncipe Akbar Kahn que unió sus hombres a los 25 000 alzados en armas en Kabul, fue el principio del fin. Tanto Macnaghten como

Retrato del kohistani Mir Alam, jefe de una banda de ladrones de las montañas en 1840. Lleva un juzzail, un tipo de rifle de avancarga, grande y pesado que los francotiradores afganos utilizaban con gran eficacia. De fabricación artesanal, podían disparar balas rugosas, clavos largos de hierro e incluso piedras, en un rango de unos 250 metros. A los afganos les gustaba adornarlos. James Rattray, el autor de la litografía, habla en sus memorias de algunos decorados con dientes humanos.

Elphinstone fueron conscientes de que no había más remedio que negociar, pues se acercaba el invierno y las provisiones no durarían tanto. Además, los informes llegados de la frontera, parecían indicar que no habría ninguna fuerza de socorro, pues la nieve cubría ya los pasos de montaña. Sola, a centenares de kilómetros de cualquier tierra amiga, la guarnición de Kabul se encontraba en grave situación. Pronto sería desesperada.

Buen conocedor de su posición de fuerza, el príncipe Akbar impuso duras condiciones. Shujah Shah sería entregado y puesto bajo arresto, los británicos dejarían sus armas y regresarían escoltados a la India, pero un grupo seleccionado se quedaría en Afganistán como garantía del cumplimiento del compromiso. Macnaghten se negó rotundamente, por lo que ambas partes se prepararon para combatir. Su firme respuesta se basaba en el convencimiento de que la unidad afgana no era tan sólida como parecía a primera vista. El hábil Mohan Lal sabía que muchos jefes tribales no estaban tan de acuerdo como parecía con Akbar o con Dost Mohammad Khan, porque se habían acostumbrado a la libertad de movimientos que les daba Shujah Shah, un líder mucho más débil y manejable.

Macnaghten presentó una alternativa. Consistía en retirarse a la frontera con todas sus armas y llevarse a Shujah Shah, al que no abandonarían. Cuatro rehenes británicos permanecerán en Kabul como garantía y Dost Mohammed sería puesto en libertad cuando alcanzasen la frontera, si bien debería asegurar que no se aliaría con ninguna otra potencia extranjera en perjuicio de la India o de Gran Bretaña —no hacía falta decir que esa potencia era Rusia—. Mientras esperaban la respuesta, Mohan Lal se dedicó con ahínco a fomentar la agitación y la lucha para tratar de dividir a los líderes tribales afganos con dinero y promesas.

Los esfuerzos parecían empezar a tener éxito cuando Akbar envió a Macnaghten una repentina invitación para mantener otra entrevista con propuestas sorprendentes: Shah Shujah podría mantenerse en el trono, siempre que Akbar se convirtiea en su visir. Los británicos se quedarían en Kabul durante el invierno y volverían a la India en la primavera. Los responsables de la muerte de Burnes serían entregados y Akbar recibiría una subvención de la Corona británica para ayudarlo a combatir a sus rivales.

Convencido de que la cesión afgana se debía a la debilidad de Akbar, Macnaghten accedió a verse con él en secreto. Demostró lo que se sabía desde el principio, que no conocía bien a los afganos. En la cita fue secuestrado y asesinado por el mismo Akbar. De sus tres acompañantes uno murió al caer de un caballo al galope y los otros dos fueron encarcelados en una oscura y húmeda celda. Para que no hubiera ninguna duda, Akbar había demostrado a todo el mundo, a la manera afgana, quien tenía el mando. Preparó a sus hombres por si los británicos lo sorprendían con una rápida respuesta a su atroz crimen pero, como esperaba, Elphinstone no hizo ningún movimiento.

William Hay Macnaghten, nacido en Irlanda en 1793 de una aristocrática familia con antecedentes escoceses, había hecho toda su carrera política en la India desde que llegara a Madrás en 1809 con su rango de cadete. En 1840 fue nombrado baronet por sus éxitos en Afganistán. Akbar lo mató el 23 de diciembre con una pistola que él le había regalado el día anterior. Días más tarde entregó su cadáver a los británicos cortado en pedazos. Obra de autor anónimo realizada en 1840. National Army Museum, Londres.

En lugar de mostrar una valerosa determinación para valerse por sí mismos, y atacar por sorpresa, los británicos, preocupados por las condiciones climáticas y la escasez desesperada de suministros y alimentos se encerraron en su campamento. Eldred Pottinger, que había sucedido a Macnaghten, sugirió tomar Bala Hissar, para disponer de una posición defensiva mucho mejor, pero Elphinstone se negó. Su único deseo era terminar cuanto antes y regresar a la India. En las condiciones que fuesen.

3.3.3 La leyenda de Gandamak

La falta de reacción de los británicos acabó con cualquier respeto que aún les tuviesen los hombres de Akbar. El infinito desprecio que sentían hacia ellos los jefes tribales, conscientes de que podían barrer a los débiles y asustadizos extranjeros en cualquier momento se tradujo en las nuevas condiciones para la rendición. Ahora Akbar exigía la artillería, lo que quedaba de su oro y más rehenes, entre ellos los niños y varias mujeres. Las condiciones eran duras pero Elphinstone ordenó a Pottinger que aceptara. Lo máximo que hizo fue intentar modificar algunas de las demandas acerca de las mujeres y los niños y mantener seis de sus piezas de artillería.

Akbar dio su conformidad y aseguró que escoltaría al ejército hasta la frontera y les entregaría alimentos hasta que abandonasen el campamento. Sentía que lo hicieran en pleno invierno, pero si continuaban en Kabul no podía garantizar su seguridad. A pesar de las advertencias de Mohan Lal, Elphinstone aceptó. El 6 de enero de 1842, los británicos partieron hacia la fortaleza de Jalalabad, en la que aún ondeaba la *Union Jack*. A Shujah Shah le abandonaron a su suerte en Bala Hissar.

La larga caravana organizada por el ejército aumentó al incorporarse toda la masas de sirvientes y empleados del campamento, la mayor parte indios, que no querían disfrutar ni un minuto más de la hospitalidad afgana. La escolta y los suministros prometidos no se materializaron y Pottinger sugirió una vez más a Elphinstone fortificarse en Bala Hissar, donde podrían serían reforzados con los contingentes de Shah Shujah. Elphinstone se negó de nuevo, y ordenó continuar la marcha.

Apenas habían caminado unos kilómetros cuando los estampidos de los *jezails* comenzaron a tronar en el aire. Ya no dejarían de acompañarlos en su desventurado viaje. Al término de la primera jornada, a 5 000 metros del campamento, los muertos y heridos se contaban por centenares y se habían perdido la mayor parte de los suministros. Ya todos eran conscientes de que no podría lograrse el objetivo fijado por sus mandos, de alcanzar la frontera en una semana.

El segundo y tercer día no fueron distintos. Una vez más, como era previsible, la escolta prometida por Akbar no apareció y solo se pudieron avanzar algunos kilómetros. Al caer la noche, del día 9, a más de 20 grados bajo cero y a unos de 16 kilómetros de Kabul los muertos y heridos, entre los

Bala Hissar —en persa alta fortaleza—, en el Kuh-e-Sherdarwaza —la montaña de la Puerta del León—, junto a Kabul, fotografiada en 1879. Construida en el siglo V sus paredes tenían 20 metros de alto y 12 de espesor. Estaba dividida en dos recintos. El superior contenía los establos, los cuarteles y el palacio real, el inferior una armería y las celdas que se utilizaban como cárcel.

que se encontraban cientos de mujeres y niños, alcanzaban los 3 000. Unos centenares de hombres desertaron e intentaron regresar a Kabul, pero todos fueron aniquilados.

A pesar de las pruebas constantes de que Akbar era taimado y traidor, el incompetente de Elphinstone confió en su palabra y siguió pensando que iba a proteger a las mujeres e hijos de los oficiales británicos y a los oficiales heridos. Le entregó a otros 19 rehenes, lo que no sirvió para detener la masacre.

La tarde del 11 de enero fueron las mujeres inglesas las que aceptaron ser tomadas prisioneras, bajo palabra de que podrían pedir rescate por ellas. Ese día, el mismo que Elphinstone fue capturado por Akbar cuando intentaba negociar una vez más, los afganos asesinaron a todos los sirvientes indios y a las esposas de los cipayos. Su vida no tenía ningún valor económico.

El resto de supervivientes, ahora dirigidos por el general de brigada John Thomas Anquetil, llegaron a la cresta de Jugdulluk. Allí, las tropas británicas comenzaron a actuar con algo más de iniciativa y entablaron un duro combate nocturno para poder cruzar. Solo lo consiguieron un grupo de jinetes y unos pocos pelotones de infantería. Eran solo 65 soldados los que lo-

graron llegar a Gandamak, pero iban a escribir una de las páginas legenda-
rias de la infantería británica.

La última batalla del regimiento 44.° en Gandamak. Obra de William Barnes Wollen realizada en 1842. Museo del regimiento Essex, Chelmsford.

Rodeados rápidamente por sus enemigos, los restos del 44.° de infantería fueron plenamente conscientes desde el primer momento de que
nunca iban a llegar a la seguridad de Jalalabad. Cuando los afganos se ofrecieron a escoltarlos a cambio de entregar sus armas, los británicos, que habían perdido toda la confianza en ellos, se negaron. Solo tenían veinte
fusiles y dos proyectiles por hombre, pero formaron en cuadro y se prepararon para luchar. Las balas se agotaron y tuvieron que usar sus espadas, cuchillos y bayonetas. Todos murieron, excepto el capitán James Souter, el
sargento Fair, y siete soldados, que fueron hechos prisioneros. Ninguno re-
trocedió un paso.

Del grupo de caballería, traicionado y atacado en Futtehabad, solo se
salvaría de ser asesinado el doctor William Brydon[33], el único superviviente

---

[33] Posteriormente se supo que bastantes cipayos indios lograron también escapar y estaban
como indigentes en las calles de Kabul. En cuanto al doctor Brydon, escribió un libro con
su experiencia.

de la columna. La nerviosa guarnición que esperaba en Jalalabad el ataque de hordas de afganos, se sorprendió aquella mañana al ver llegar a un solitario y malherido jinete europeo hasta las puertas de la fortaleza. Se dice que le preguntaron a su llegada donde estaba el resto de las tropas, a lo que Brydon respondió: «Yo soy el ejército».

Al día siguiente varias patrullas montadas salieron a campo abierto para intentar buscar supervivientes e hicieron grandes hogueras para que el humo pudiese guiar a posibles rezagados. Resultó inútil, no había nadie más.

Los restos de un ejército, obra de Elizabeth Butler realizada en 1879. *William Brydon llega al fuerte de Jalalabad tras ser atacado una y otra vez. Herido en la cabeza por una espada cuyo golpe fue amortiguado por que en su gorra llevaba un pequeño libro, había sido socorrido durante la última jornada de su viaje por un pastor afgano, que le dio refugio.* Tate Modern, Londres.

3.3.4 Solos ante el enemigo

A diferencia del incompetente Elphinstone, el general William Nott, en el oeste del país había actuado hasta entonces de forma completamente diferente. Desde su base en Kandahar, a pesar del pequeño número de tropas de que disponía, había logrado mantener abiertas las vías de comunicación con la India. Su buen hacer iba a ser premiado con un puesto mejor en Calcuta o Bombay, cuando la aniquilación de una fuerza británica al mando del capitán Woodburn cambió las cosas. El grupo exterminado —una pequeña tropa que iba hacía Kabul desde Kandahar—, había sido asaltado por una masa de afganos hostiles, pero dos cipayos supervivientes lograron regresar y advertir del peligro.

El general sir *William Nott. Nacido en Gales en 1782 se había incorporado en 1798 como soldado a un cuerpo de voluntarios. Desde 1800 estaba en la India, donde desarrolló toda su carrera militar como oficial de la Compañía hasta 1843. Falleció en Gales dos años después de su retiro. Obra de Benjamín Rawlinson Faulkner realizada en 1844.* Biblioteca Británica, Londres.

Con una sangre fría y una flema típicamente inglesas, Nott se dio cuenta de la complicada situación en la que se encontraba, especialmente cuando una segunda expedición enviada a Kabul fue detenida en Ghazni y obligada a retroceder con graves pérdidas. El general era ahora consciente de que las pequeñas guarniciones dispersas corrían un terrible peligro. Lo más sensato era concentrarse en Kandahar, donde al menos, aunque solo fuese por número, serían más difíciles de destruir.

A pesar de sus esfuerzos, Ghazni no se logró salvar. Cuando miles de salvajes guerreros se lanzaron sobre la posición, su comandante, el coronel Thomas Palmer, se vio incapaz de resistir la embestida, principalmente porque no disponía de provisiones ni agua. Tuvo que aceptar las condiciones de los afganos para salir de la ciudadela y volver a Peshawar. Al abandonar la relativa seguridad en la que se encontraban, fueron atacados por las tribus hostiles que, tras un desesperado combate cuerpo a cuerpo, casa por casa, asesinaron a todos los cipayos. Solo nueve de los oficiales británicos fueron finalmente tomados como rehenes y trasladados a Kabul con el resto. No fue el caso de Palmer, torturado para que revelara el paradero del oro y el dinero británico que los atacantes suponían había ocultado o enterrado.

El general sir Robert Henry Sale, nacido en 1782, que como Nott, llevaba en la India desde 1798 y había realizado toda su carrera militar en Asia. Su esposa, Florentia, que lo había acompañado en todas las campañas y a la que sus hombres llamaban «el granadero con enaguas» por su fuerte carácter, fue uno de los rehenes que tomó Akbar Khan cuando el ejército dejó Kabul. Sale murió en combate en 1845, durante la primera guerra con los sijes. Obra de George Clint realizada en 1843. Museo militar de Somerset.

Dispuesto a no dejarse intimidar por los afganos alzados en armas, Nott tomó la iniciativa y envió tropas para dispersar al creciente grupo de alborotadores que se congregaba alrededor de Kandahar. El 31 de diciembre supo del asesinato de Macnaghten en Kabul y entendió perfectamente que se enfrentaban a una insurrección generalizada, pero cuando tres semanas después recibió un correo de Elphinstone que le ordenaba retirarse a la India, evitó cumplir la orden de su comandante y solicitó confirmación del alto mando en Calcuta antes de abandonar su posición.

Mientras esperaba los refuerzos enviados desde Quetta —que no sabía que tras ser detenidos en Haikalzai, habían tenido que retroceder—, una fuerza de 12 000 afganos descendió sobre la ciudad. Optó por mostrarse mucho más agresivo que Palmer o Elphinstone con respecto a la población local. Los expulsó fuera de los límites amurallados para mantenerlos controlados y que no consumiesen sus preciados y escasos recursos.

La situación de Nott parecía desesperada en la asediada Kandahar, sobre todo porque se estaba quedando sin alimentos, suministros y dinero para pagar a sus tropas. Decidió combatir. Primero infligió una severa derrota al enemigo en marzo, en las proximidades de la ciudad, al realizar una salida y luego, el 29 de mayo, alertado de que los afganos se concentraban junto al río Arghandab, donde Aktur Khan, el jefe Durrani, tenía más de 3 000 hombres al reunir sus fuerzas con las de Atta Muhammad, los atacó y venció para evitar la amenaza. De repente, se encontró con que había limpiado de enemigos el oeste de Afganistán. Con la excepción de la pérdida de Ghazni, había tenido un éxito notable en sus encuentros militares e ilustró lo que podría lograrse en Afganistán con un liderazgo vigoroso y decidido.

En Jalalabad el general Sale había actuado con la misma eficacia que Nott. Plenamente consciente del peligro que corrían sus hombres, fortificó la posición lo mejor que pudo, y repelió todos los ataques contra la fortaleza que se dieron en el mes de marzo, pero Akbar Khan, decidido a destruir la guarnición británica estableció un cerco en condiciones.

Sale no estaba excesivamente preocupado, pues confiaba en los refuerzos del general George Pollock, que estaban en camino desde la India. Sin embargo, los afganos lograron convencer a los británicos de que la columna de Pollock había sido exterminada. Dispuesto a vender cara su piel, Sale ordenó a sus hombres hacer una salida en fuerza contra los sitiadores, y tras un feroz combate de doce horas los derrotó. Dueño del campo de batalla y dispersadas las fuerzas afganas, empleó su escasa caballería para buscar alimentos y suministros en los alrededores. Una semana después, a mediados de abril el ejército de Pollock llegó desde Peshawar. Con las victorias de Sale y Nott, los británicos habían lavado un poco sus afrentas pero, sobre todo, tenían cubiertos los dos flancos de Afganistán.

3.3.5 Golpe por golpe: el ejército de represalia

En Europa, las noticias del desastre sufrido en las montañas afganas fueron recibidas con consternación. El prestigio británico y el precario equilibrio de fuerzas en el continente asiático podía verse afectado, y el Reino Unido no estaba dispuesto a tolerar que se manifestase el más mínimo signo de debilidad. El nuevo gobierno británico, de tipo conservador —*Tory*—, no se mostró dispuesto a asumir ninguna culpa por lo sucedido. Intentó dejar claro que cualquier error debía ser imputado al gobierno saliente.

En consecuencia, se nombró a un nuevo Gobernador General de la India, para reemplazar a Auckland, Edward Law, primer conde de Ellenborough, que ocupó el cargo con instrucciones precisas de restaurar la paz y sacar a Gran Bretaña del embrollo afgano. Law era un hombre experimentado, y sabía bien que forzar una retirada de cualquier forma podía ser un mal negocio. Por otra parte era preciso recuperar el respeto al ejército británico en el subcontinente indio, no solo ante los nativos, sino también ante otras potencias europeas rivales.

La propuesta de Law fue bien sencilla. Enviar un ejército de represalia a territorio afgano para destruir a los ejércitos enemigos y tomar de nuevo Kabul. Lo último que podía permitirse el Reino Unido era un estado afgano a las puertas de la India, agresivo y convencido de que llegado el caso podría incluso amenazar territorio bajo la protección británica. Además, había aún rehenes en manos de Akbar, y se deseaba negociar su liberación desde una posición de fuerza.

Mientras se producían estos cambios en la India, en Afganistán Nott, Pollock y Sale tenían consolidadas sus posiciones y mantenían abiertos los pasos de montaña. En el lado afgano, la muerte de Shujah Shah había hecho aumentar el poder de Akbar Khan, pero también los recelos de los jefes tribales, que no acababan de fiarse de él. No tardaron ni unos meses en enredarse en uno de sus eternos conflictos civiles. Tanto que incluso Law consideró abandonar su proyectada expedición de castigo. Tuvo que ceder a la presión ejercida por los generales que combatían en territorio afgano, deseosos de vengar a sus camaradas y rescatar a los rehenes. El verano de 1843 Pollock y Nott fueron autorizados finalmente a retirarse a Peshawar «a través de Kabul», lo que, en la práctica, significaba que las tropas británicas estaban autorizadas a tomar venganza.

Con el extraño estilo deportivo que caracteriza a los ingleses, Pollock y Nott comenzaron una carrera para ver quien tenía el honor de reconquistar la capital perdida. Pollock estaba a solo 100 millas —aproximadamente 160 kilómetros—, en tanto que Nott estaba a 300 —algo más de 480 kilómetros—, si bien el terreno que debía de atravesar presentaba menos dificultades.

Para consternación de los británicos, a lo largo de toda su ruta, durante kilómetros, las fuerzas de Pollock encontraron los restos del material abandonado por el aniquilado ejército de Elphinstone. Junto a ellos continuaban los cadáveres abandonados de sus compañeros, devorados por las alimañas, lo que no hizo más que aumentar la rabia y los deseos de venganza entre los soldados.

Lord Ellenborough, con buen criterio, había intentado que las tropas se mostraran compasivas y amistosas con los afganos, pero lo que veían antes sus ojos hacía imposible toda misericordia. Los cadáveres de hombres y mujeres habían sido mutilados. Por todas partes aparecían genitales metidos en la boca de compañeros caídos, senos destrozados con cuchillos o bebés aplastados en las cunetas. No hace falta decir que los afganos que encontraron en su camino no lo pasaron muy bien. Toda aldea que se encontraron en su ruta las tropas de Pollock fue arrasada hasta sus cimientos.

Tras algunos combates en el paso de Jugdulluck y Tezeen, sin un enemigo dispuesto a presentar batalla seria, llegaron a Kabul el 15 de septiembre. Dos días antes que Nott, que se había entretenido reconquistando Ghazni y traía con él, por expreso deseo de Law, las puertas del templo sagrado indú de Somnath. Un trofeo que habían tomado los afganos durante sus invasiones y se encontraba en la tumba del sultán Mohammad. Con el se quería demostrar la superioridad británica sobre todos los pueblos más allá del Indo[34].

Ni Akbar ni sus hombres presentaron resistencia y el ejército angloindio entró en una ciudad casi desierta, de la que habían huido en masa defensores y vecinos temerosos de la venganza de los británicos. Finalmente, sin un disparo, se ocupó el Bala Hissar. En pocas horas la *Union Jack* ondeaba al viento en los edificios principales para mostrar quienes eran los nuevos amos de Kabul.

---

[34] Además de que era un intento infantil de dar la impresión de que así Gran Bretaña podía considerarse la mayor potencia de la región, los hindúes nunca reconocieron que esas puertas de sándalo fueran las auténticas.

El primer batallón del 9.°
regimiento de infantería de línea
Norfolk Este, *veterano de las*
campañas napoleónicas en
España, entra victorioso en
Allahabad, en la India, a su
regreso de la campaña de castigo
contra Kabul.

Desde la casa arrasada de Burnes hasta el saqueado campo británico, las fuerzas de Pollock hallaron por todas partes restos del desastre. Lo que no encontraron, fue a los 90 rehenes que estaban siendo retenidos por Akbar.

El grupo encargado de negociar su liberación partió de inmediato hacia el norte, al mando del capitán Shakespear. Los encontró en las afueras de Bamaian, cuando ya salían a su encuentro. Pottinger y Mohand Lal habían logrado sobornar a los guardias con promesas de dinero y salvoconductos para que no los llevaran a Turkmenistán, como, al parecer era la intención de Akbar. El encuentro fue muy emotivo. Muchos de los rehenes rompieron a llorar y rezaron en acción de gracias. Estaban todos a salvo y podían volver a casa. Shakespear supo en ese momento que Elphinstone había muerto durante su cautiverio[35].

---

[35] Parece duro, pero para Shakespear eso fue casi un alivio. Evitaba la vergüenza de que el general tuviera que explicar sus acciones a un tribunal de investigación, algo que sin duda dañaría la reputación del ejército británico.

Pollock pensó en destruir Kabul, para que una vez se retirasen sus hombres, los afganos recordasen para siempre lo que significaba desafiar al poder de Gran Bretaña y humillar a sus soldados. Como mínimo consideró conveniente volar Bala Hissar. Sus oficiales más experimentados y los agentes de inteligencia le aconsejaron que no lo hiciera. Finalmente decidió arrasar el bazar, donde el cuerpo de Macnaghten se había expuesto a la multitud.

Los ingenieros necesitaron dos días enteros para colocar las cargas, un trabajo metódico y meticuloso. Las órdenes a la tropa eran no molestar a los afganos, pero el odio y el rencor acumulado hizo que se cometieran toda clase de excesos y los soldados diesen un trato implacable y brutal a la población civil.

Poco después el ejército de represalia regresó a la India por el Paso Khyber. No había alegría, pues durante todo el camino se hizo imposible olvidar el desastre sufrido. Aunque es cierto que se recibió a los soldados expedicionarios de vuelta a sus bases con desfiles y celebraciones, la amargura por lo sucedido impregnaba el ambiente. Todo el mundo sabía que los tres años de aventura en Afganistán habían concluido con un inmenso fracaso.

Liberado de su confortable prisión, Dost Mohammad regresó a su país. Tras ser recibido como un héroe en Kabul, tardó poco en volver a consolidar su poder. Inclusó se rumoreó que fue el causante de la muerte de Akbar. Ni era raro que los hijos asesinaran a sus padres en las luchas por el liderazgo en Asia Central, ni lo era lo contrario. Sin duda era difícil la vida en aquellas regiones.

No deja de ser curioso que Dost Mohammad se transformase de pronto en un vecino de confianza para los británicos —al menos por un tiempo—. Mantuvo una apariencia de orden, en un país donde eso no era lo más frecuente, y acertó al mantener a los rusos lejos de su ciudad, sin caer en la tentación de echarse en sus brazos, algo que no era fácil.

En Europa, pareció de repente que quienes desde el principio se habían opuesto a la «aventura afgana», como el conservador Benjamín Disraeli o *lord* Aberdeen, secretario de estado de asuntos exteriores, tenían toda la razón para estar en contra de aquella insensata y mal preparada empresa.

Entre los relatos que publicaron los supervivientes, quizá el del reverendo Gleig —capellán del ejército británico—, que apareció en 1843, fue el más objetivo. Decía entre sus páginas: «Fue una guerra iniciada sin motivo racional, llevada a cabo con una extraña mezcla de atrevimiento y timidez, que llegó a su fin después de sufrimientos y desastres, sin mucha gloria ni para el gobierno que la dirigió, ni para el gran cuerpo de tropas que la libró. No se consiguió ningún beneficio político o militar. La evacuación del país se parecía la retirada de un ejército derrotado».

Durante las tres décadas siguientes los rusos progresaron de manera implacable hacía el Sur. Al poco de acabar la guerra, su puesto más meridional en Asia Central, se encontraba en el lado norte del Mar de Aral, pero en 1847 ya habían llegado al curso bajo del Amu Darya. Veinte años después, en 1868, mientras los británicos combatían contra los sijes, sus antiguos aliados, los soldados del zar avanzarían aún más y ocuparían la antigua Transoxiana. Afganistán tenía ante sus puertas a un nuevo enemigo.

4

RIVALIDADES IMPERIALES

Retrato de estudio del emir de Afganistán, Sher Ali, el pequeño príncipe heredero, Abdullah Jan, y varios sirdars afganos. La fotografía la tomó en Kabul, en 1869, el británico John Burke.

Si el camino a la prosperidad es corto, es demasiado peligroso.

Proverbio afgano.

CUANDO LAS ÚLTIMAS TROPAS británicas abandonaron Afganistán después de realizar las represalias ordenadas por el Alto Mando de la India, la sensación de los responsables de la administración colonial y del ejército era de completa frustración. A pesar de que se habían cumplido los objetivos militares y reestablecido el honor de las armas, no había duda alguna de que la posición británica en la India había sufrido un duro golpe.

Una curiosa fotografía rusa de 1860, de muy mala calidad, en la que agentes del zar levantan la cartografía de algún lugar de Asia Central, una de las actividades principales del «Gran Juego». Los tres tienen la cara borrada en la imagen original.

Por un lado, desde el punto de vista interno, era obvio que los indios habían visto que el ejército de la Compañía, e incluso las unidades llegadas de la lejana metrópoli, tenían muchas deficiencias y podían ser vencidas en el campo de batalla, aunque se viera con respeto que el imperio era capaz de recuperarse del golpe y levantarse de forma casi inmediata. Desde el punto de vista exterior, para los rivales coloniales de Gran Bretaña, la debilidad mostrada era una oportunidad, que parecía abrir la puerta de Afganistán y hacía que aumentasen sus posibilidades de controlar el núcleo de Asia Central.

La realidad era más compleja de lo que parecía a simple vista. Los sucesos producidos en Europa a finales de la década de los años cuarenta y la oleada de revoluciones de 1848 complicaban la posición rusa. El gobierno del zar carecía de simpatías y debía mantenerse alerta por si los movimientos insurrecciónales afectaban al territorio ocupado en Polonia o amenazaban las fronteras occidentales del imperio.

Para las tribus del otro lado del Khyber, y en especial para Dost Muhammad, la retirada británica había sido un triunfo. Con independencia de que creyesen que habían salvado su honor con la recuperación temporal de Kabul, los afganos podían, por vez primera desde que los europeos habían comenzado a inmiscuirse en su política, sentirse plenamente dueños de su destino. Además, en cierta forma, habían perdido cualquier temor que hubiesen podido tener a los británicos. Durante el tiempo de su suave cautiverio, Dost Muhammad los había estudiado bien, y aprendido mucho sobre su poder, energía y ambición, pero también sobre sus debilidades.

Las defensas de Sebastopol, el principal puerto de Crimea, abandonadas por los rusos. Fotografía de Roger Fenton tomada en septiembre de 1855. La guerra enfrentó desde octubre de 1853 hasta febrero de 1856 a Rusia con Francia, Gran Bretaña, Cerdeña y el imperio otomano, por la influencia sobre los territorios turcos, cuyo poder comenzaba un claro declive. La mayor parte del conflicto tuvo lugar en la península de Crimea, pero también hubo pequeñas campañas en el este de Anatolia, el Cáucaso, el Mar Báltico, el Océano Pacífico y el Mar Blanco.

Asentado firmemente en el trono en 1843, y sin rivales serios, pudo dedicarse a aprovechar los años de paz, algo inusual en Afganistán, para consolidar su poder, mientras Rusia y Gran Bretaña chocaban militarmente en Crimea entre 1853 y 1856. La precaria victoria de los aliados ante el coloso ruso, que mostró a las claras sus frágil estructura y atraso militar, no afectó a la situación en Asia Central. De hecho, incluso favoreció a los afganos, que vieron cómo podían plantearse incluso la recuperación de viejos territorios del imperio Durrani.

Dost Muhammad Khan reorganizó la administración y puso a servidores leales para gobernar todas las provincias. Llegó a acuerdos con los principales grupos tribales y, finalmente, puso a su tropas en acción. En 1855 Balkh y el Baldakhstán cayeron en manos afganas. Ocho años después, en 1863, la importante Herat, pasaba a estar también bajo su control.

La campaña rusa en el kanato de Jiva, Uzbekistán, en 1873. Uno de los tres kanatos uzbecos, con el de Bujará —que englobaba Samarcanda—, y el de Kokand, en el que quedó dividido el gran kanato de Chagatai. Obra de Nikolay Karazin realizada en 1888. Museo del Hermitage, San Petersburgo.

Sorprendentemente, los rusos se mostraron más agresivos en Asia Central que los británicos, pues en los años que siguieron a la Guerra de Crimea, las tropas del zar continuaron su implacable avance hacia la frontera afgana, a donde llegaron en 1868. Los británicos estaban aún sacudidos por el impacto de la rebelión cipaya de 1857, y su «inactividad magistral» demostró ser desastrosa, lo único que logró fue dejar en manos rusas miles de kilómetros cuadrados de Asia.

Una aptitud que dejó atrás en la década de los setenta, especialmente a partir de 1874, cuando el nuevo gobierno de Londres, dirigido por Disraeli, adoptó una postura más agresiva en la India y nombró como gobernador general a Thomas Baring, un hombre de carácter fuerte. Para entonces, tras la muerte de Dost Mohammad en 1863, la vida en Afganistán había vuelto a su estado habitual: la guerra civil. Sher Ali Khan, uno de sus hijos, tomó el poder en cuanto su padre murió, pero fue derrocado rápidamente por su hermano mayor, Mohammad Afzal, lo que provocó el enfrentamiento entre ambos.

La situación política en Europa era también muy compleja en esos años. Los rusos habían declarado la guerra a los turcos en 1877, bajo el pretexto humanitario de «proteger» a los cristianos de los Balcanes, aunque en todas las cancillerías europeas se sabía perfectamente que lo que San Petersburgo deseaba era ocupar Estambul, la vieja Constantinopla[36], y acceder al Mediterráneo, un mar cálido libre de hielos —la principal ambición rusa de toda su historia—. Sin embargo esta vez en Gran Bretaña, la opinión pública —que no el gobierno—, se puso a favor de los rusos gracias a las historias publicadas en la prensa de las atrocidades cometidas por los turcos en Bulgaria.

La historia del desencuentro entre ambas potencias resultó muy compleja. Entre octubre de 1876 y marzo de 1877, hubo conversaciones en Peshawar entre representantes del gobierno de Kabul y de la India, pero fracasaron por el deseo británico de establecer puestos de vigilancia avanzados en la frontera afgana. Fue entonces cuando en San Petersburgo se tomó la decisión de enviar una misión a Kabul, al tiempo que daban órdenes a tres columnas de tropas para que se desplazaran a las guarniciones junto al Amu Darya, en la frontera afgana, que ocupaban desde la sumisión del emirato de Bujará. Lo mismo que se le ordenó también que hicieran a diversas unidades del Turkestán en el camino de Mary a Herat, en la frontera con Afganistán, bajo control ruso desde la década anterior.

---

[36] Era una mera ilusión. La guerra fue descrita en documentos cotemporáneos como el enfrentamiento entre un «tuerto y un ciego», debido a los muchos errores de estrategia y juicio cometidos por ambos bandos y a la torpeza con la que llevaron adelante sus operaciones.

El coronel Robert Warburton —sentado tras la roca central—, en medio de un grupo de guerreros afridis, considerada la más agresiva de las tribus afganas. El carismático Warburton, que actuaba como agente en la zona, era hijo de Shah Jahan Begum, sobrina de Dost Mohammed, y del teniente coronel Robert Warburton, que había combatido durante la primera guerra afgana —se decía que ella lo había salvado de ser capturado, y se habían enamorado—. Educado en la India y en Addiscombe, en Inglaterra, era el responsable de mantener libre el Paso Khyber. Su historia la utilizó Rudyard Kipling para su novela Kim. *Fotografía de John Burke tomada en 1878.*

Los movimientos de tropas no hicieron más que incrementar el viejo temor británico de que los rusos se presentaran en las fronteras de la India[37]. El Ministerio de Asuntos Exteriores ruso lo negó, pero una vez firmado el Tratado de Berlín, que rebajó la tensión en Europa al distribuir parte de los territorios turcos, la misión diplomática rusa se presentó en Kabul, sin haber sido invitada, para entrevistarse con Sher Ali Khan, que parecía haber recuperado el poder definitivamente.

Gran Bretaña respondió de inmediato exigiendo la aceptación en Kabul de una misión diplomática similar y, aunque Sher Ali apenas se había

---

[37] El gobierno de Disraeli había enviado tropas a Malta en previsión de una acción militar contra los rusos en el Mediterráneo Oriental. La situación era muy tensa.

comprometido con los rusos, los británicos empezaron a desconfiar de sus intenciones. Ante esa actitud, se negó a recibir a los emisarios de la India.

La verdad es que Sher Ali, que veía de nuevo cómo los rusos y los ingleses presionaban a su gobierno para obtener ventajas estratégicas, intentó ser neutral, pero enfrentado al desafío de las dos grandes potencias no pudo, o no supo, evitar un conflicto que sabía podía ser terrible para su nación.

Tras la emisión de un ultimátum que ya ni siquiera fue respondido, el 21 de noviembre, el general *sir* Frederick Roberts, cumpliendo órdenes expresas de *lord* Lytton, que había sustituido en 1876 a Baring como virrey de la India, cruzó con tres columnas la frontera afgana. Comenzaba la segunda guerra entre ambos países. No sería la última.

4.1 La paz imposible

En 1878 el ejército de la India británica era una excelente fuerza de combate. Los regimientos de infantería regular eran la columna vertebral de su organización desde el final de la rebelión de los cipayos —lo que se conoció como el Motín de la India—, pero algunas unidades de tropas nativas eran de primera categoría y los regimientos de infantería sij y *gurka* tenían una bien ganada reputación de ser tropas excelentes. Ambos resultarían muy eficaces[38].

Aún así, había problemas, pues cada regimiento indio estaba al mando de oficiales británicos, en una proporción aproximada de 7 oficiales por cada 650 soldados de infantería. Se trataba de un número insuficiente, pues todas las decisiones tácticas de importancia debían tomarlas los británicos. Un sistema particularmente inadecuado para las unidades menos experimentadas.

Desde el final de la guerra anterior la tecnología militar occidental había tenido un impresionante avance, y el ejército que acababa de cruzar los Pasos estaba muchísimo mejor equipado para la guerra en las montañas que el de medio siglo antes. No así los afganos, que se habían quedado estancados

---

[38] Tras el Motín, los británicos cambiaron la fuente del reclutamiento de tropas indias, de Bengala al Norte, y desarrollaron el concepto segregacionista de «razas marciales». Según su teoría, ciertas «razas» indias —*jat*, *sikh*, *punjabi*, *pastún*, *baluchi* y *gurka*—, eran más adecuadas para servir como soldados, casualmente las que les habían salvado la India al ayudarlos a terminar con la sublevación. Los regimientos indios que invadieron Afganistán en 1878, aunque en su mayoría del ejército de Bengala, pertenecían predominantemente a esos grupos.

en el pasado. Toda la infantería regular estaba armada con el eficaz rifle monotiro de retrocarga *Martini-Henry*, pero la mayor parte de las tropas indias seguían armadas con los viejos *Snider*[39], aunque había unidades selectas, como los *gurkas*, armados al estilo europeo, pese a que conservaran sus cuchillos tradicionales, los *kukri*. La caballería portaba espadas, lanzas y carabinas, *Martini-Henry* —los británicos—, y *Sniders* —los indios—. Los oficiales usaban también revólveres, un arma bastante eficaz en los combates a corta distancia.

Un grupo de oficiales en 1878, tras la batalla de Ali Masjid. Los soldados británicos acababan de adoptar un uniforme de campaña color caqui, más apropiado para combatir que las tradicionales casacas rojas, y habían aprendido a utilizar el té para teñir sus brillantes salacots blancos de un color más oscuro, que les permitía confundirse mucho mejor con el terreno en las polvorientas colinas de Afganistán, y no ser objetivo de los francotiradores. Aunque tales medidas no podían considerarse camuflaje en el sentido moderno, eran un avance importante. Fotografía de John Burke.

---

[39]   La política era asegurarse de que los regimientos británicos tendrían mejor armamento que los nativos si se repetía la insurrección de 1857. Otros países de Europa, desde Alemania y Portugal, a España o Francia, hacían lo mismo. También servia para reunir muchos soldados nativos a bajo coste.

Antes del motín cada cuerpo de ejército tenía sus propias baterías de artillería montada y de campaña. Ahora, en las únicas unidades de artillería en las que se permitía servir a los indios era en las de montaña. Todas las demás pertenecían desde 1859 a la Real Artillería británica.

El equipo también se había aligerado tras las lecciones de Crimea y de las campañas coloniales de los años sesenta, que habían permitido que, desde los correajes al calzado, se facilitara la vida en campaña. Lo mismo que habían mejorado mucho la alimentación y la sanidad.

Por supuesto, Gran Bretaña, por entonces la mayor potencia textil, industrial y comercial del mundo, podía permitirse dotar de una indumentaria de gran calidad a sus soldados, una fuerza comparativamente pequeña, según el modelo europeo continental. En la práctica, con todos sus defectos, los británicos fueron los militares profesionales mejor pagados, tratados y cuidados de todos los ejércitos de las grandes potencias hasta 1914[40].

4.2.1 Regreso a Kabul. Una obra en dos actos

El general Roberts había nacido en la India en 1832. Hijo del también general *sir* Abraham Roberts y de Isabella Bunbury realizó sus estudios escolares en el prestigioso Eton College e ingresó después en la Real Academia Militar de Sandhurst para acceder más tarde al Seminario Militar de Addiscombe. Por sus orígenes estaba claro que su vida seguiría la carrera militar. Obtuvo el grado de subteniente con la Compañía de las Indias y, tras un breve tiempo como ayudante de su padre, ascendió a teniente en la Artillería Montada de Bengala en mayo de 1857. Pertenecía a ese regimiento pero servía ahora como ayudante de *sir* Collin Campbell, comandante en jefe del ejército de la India, cuando ganó la Cruz Victoria —la más importante condecoración al valor que se concede en Gran Bretaña—, en los combates de Khudaganj, el 2 de enero de 1858, durante el Motín. Ese mismo año, al igual que otros oficiales pasaría del ejército de la Compañía, al de la India[41].

---

[40] El BEF, Cuerpo Expedicionario Británico en Francia y Bélgica en 1914, era magnífico, con un soberbio nivel de adiestramiento y muy bien equipado. El Reino Unido aprendió mucho de sus errores en Sudáfrica y Afganistán.

[41] El ejército de la Compañía, aunque se nutría de oficiales de carrera que no encontraban vacantes —ver nota 32—, era literalmente privado. Gran Bretaña mantenía además en la India unidades del suyo. No hace falta comentar la rivalidad que existía entre ambos.

El 2 de diciembre, tras concentrarse en Peshawar y cruzar el Khyber, se enfrentó por primera vez a los afganos en Peiwar Kotal. Los venció. Kabul fue ocupada sin lucha y Shere Ali Khan escapó hacia la frontera rusa, donde lo acogieron como refugiado. Allí moriría en febrero del año siguiente.

Retrato del general Frederick Roberts. Cuando recibió el mando del ejército que debía marchar hacia el interior de Afganistán, era un líder querido y respetado por sus hombres, a los que quería y trataba tan bien que lo llamaban familiarmente «Bob». Obra de John Singer realizada entre 1901 y 1904 cuando Roberts ejercía el cargo de Comandante en Jefe de las fuerzas armadas de Gran Bretaña. National Portrait Gallery, Londres.

Mohammad Yakub Khan, uno de sus hijos, había sido gobernador de la provincia de Herat, y en la mejor tradición afgana, se había rebelado contra su padre en 1870, pero fue vencido y encarcelado en 1874. Ahora las tribus lo habían elegido como nuevo señor de Afganistán y, con el ejército británico invernando en Jalalabad, envió emisarios para solicitar de los vencedores sus condiciones.

La persona clave en las negociaciones fue un italiano de madre irlandesa, Pierre Louis Napoleón Cavagnari, emparentado con la familia real de Parma y educado en Inglaterra, donde había sido alumno de Addiscombe. Había servido en el 1.º de fusileros de Bengala, del ejército de la Compañía, antes de pedir el traslado al servicio político, y convertirse en comisionado adjunto en Peshawar. Él dirigía la misión enviada a Kabul que Shere Ali se negó a recibir.

En mayo de 1879, Yakub Khan se presentó ante las tropas invasoras en las afueras de Jalalabad y aceptó las condiciones impuestas por los británicos. Con la firma del tratado —recibió el nombre de Gandamak en recuerdo de los ocurrido—, Afganistán recibía dura condiciones que incluían compensaciones comerciales, económicas, y pérdida de territorios, para que la India no pudiese ser amenazada desde su frontera. El Reino Unido había convertido Afganistán en un protectorado tras obtener una fácil victoria. Cavagnari, fue premiado con el puesto de representante británico en Kabul, donde incluso los militares británicos lo consideraron arrogante y presuntuoso.

No tardó mucho en hacerse evidente la tensión en la capital. Los afganos llevaban mal la humillación, y la actitud imprudente de Cavagnari tampoco ayudaba. En septiembre una de las unidades afganas —la mayor parte *tayik* de Herat—, a la que el emir no había pagado, se alzó en armas y atacó la embajada británica. Asesinó a Cavagnari y acabó con los soldados indios que lo protegían[42]. Yakub Khan, que prefirió unir su suerte a la de los británicos, huyó a su campamento principal. Desde allí se marchó a la India en diciembre.

El problema para Roberts era serio. El ejército afgano no había sido destruido y su legendario odio hacia los extranjeros no ayudaba precisamente a la convivencia. Muchos habían vivido lo que ellos consideraban una gran victoria en la guerra librada más de treinta años atrás, y no estaban dispuestos a permitir la presencia en su tierra de un ejército invasor. Por esa razón, Roberts era partidario de actuar con contundencia y, si era necesario con brutalidad —fue una costumbre en todas sus campañas—. El virrey Lytton pensaba igual. Al conocer el levantamiento afgano y la muerte de Cavagnari, ordenó que las tropas de Roberts regresaran a Kabul, sofocasen la rebelión y castigaran a los afganos por su traición[43].

---

[42] Eran del regimiento Guías de la reina, al mando del teniente Walter Hamilton. Todos murieron.

[43] Una y otra vez los británicos acusaban a los afganos de ser un pueblo traicionero. Para la forma de pensar de los europeos a menudo se comportaban como tales, pero sus códigos de honor y guías de comportamiento eran y son, muy diferentes a los nuestros.

La firma del Tratado de Gandamak en mayo de 1879. De izquierda a derecha, William Jenkyns —secretario de la misión—, Cavagnari, Amir Yajub, Daoud Shah —comandante en jefe del ejército—, y Habibullah Khan —primer ministro—. Fotografía de John Burke.

Pese a que sufrió durante todo el camino el ataque de los francotiradores, el grueso del ejército se presentó en Kabul el 6 de octubre con una facilidad pasmosa. Barrió del campo en Charasia a las tropas enemigas que intentaron oponerse a su entrada en la capital y la ocupó sin mayores problemas. Claro que eso no era controlar Afganistán.

Enseguida se notó la mano dura de Roberts, que ahorcó a 87 afganos sospechosos de la muerte de Cavagnari e impuso un control férreo sobre la población. También anunció que Yakub Khan había abdicado y se nombró a sí mismo gobernador militar de Afganistán. Luego desplegó un importante número de tropas para mantener a las tribus de las montañas controladas y estableció comunicaciones desde Kabul a la India a lo largo de la ruta del Khyber. Luego acampó con sus cerca de 6 500 hombres para pasar el invierno. Quería evitar una repetición de la catástrofe de la retirada durante la guerra anterior.

Convencido de que había que mantener una permanente actitud ofensiva ante los afganos, Roberts envió columnas a la llanura Chardeh, al norte de Kabul, al mando de los generales de brigada Baker y Macpherson, para que realizasen un movimiento en pinza e intentasen atrapar a los afganos. No lo consiguieron, eran muy superiores en número. Tras varios días de asaltos masivos y duros combates, tuvieron que retirarse a la seguridad del acantonamiento de Sherpur[44].

La batalla demostró que los británicos necesitaban algo más que coraje y determinación para tener éxito. Les hacía falta un buen trabajo de inteligencia. Es cierto que lo habían tenido los años anteriores y no les sirvió de mucho, pero tampoco era admisible ir ciegos a cualquier enfrentamiento.

El acontanamiento de Sherpur, construido durante la primera guerra afgana, visto desde Benaru. Los hombres de Roberts completaron el muro sur y dejaron casi terminado el muro oeste. Los flancos norte y este quedaron también asegurados, con muros y torres de adobe. Se cavaron trincheras y pozos de tirador y se tendieron alambradas y un telégrafo. Fotografía de John Burke.

Sherpur, con doce piezas de artillería de campaña y dos ametralladoras Gatling, era invulnerable a los ataques de las tribus. A pesar de que unidos a su nuevo líder, Mohammad, aumentaban la presión cada día desde que miles de guerreros se habían sumado a la rebelión.

---

[44] En los combates la artillería montada perdió varias piezas en un barranco, aunque más tarde fueron recuperadas. Una demostración clara de que los británicos no lo iban a tener fácil.

El 17 de diciembre la caballería salió a campo abierto para provocar a los afganos, que trataron de reunirse en las colinas. Solo consiguieron recibir las descargas de la artillería, que castigó con saña sus posiciones. El 18, cayó la primera gran nevada. Si los británicos no se equivocaban, los afganos, que a partir de ese momento tendrían problemas para mantener el cerco con el intenso frío, tendrían que realizar algún movimiento.

Tras días después, el 21, el general de brigada Charles Gough, al mando de la 1.ª brigada de la 2.ª división de Bright, recibió la orden de regresar a Kabul. Su marcha provocó el ataque en masa al acuartelamiento que se esperaba y temía, pero por una vez habían funcionado los agentes infitrados y se sabía lo que iba a ocurrir.

Antes del amanecer, una enorme hoguera encendida en las colinas de Asmai por un clérigo islámico, fue la señal para aplastar el invasor infiel como en 1842. La luz alumbró el área en el que se amontonaban 50 000 afganos, encabezado por *ghazis* con vestidos blancos. Los fánaticos líderes religiosos se precipitaron contra las fortificaciones mientras los defensores rompían el

El general Samuel James Browne, en el centro, con las piernas cruzadas, junto a su estado mayor y los generales sir Hugh Henry Gough, a su izquierda; sir Herbert Taylor Macpherson, a la izquierda de Gough; John Adams Tytler, el segundo sentado por la derecha, y Frederick Ernest Appleyard, a la derecha de Browne. Durante la campaña Browne mandaba las fuerzas del valle de Peshawar. Macpherson, la 1.ª brigada de infantería, que comprendía el 4.º batallón de la brigada de rifles, el 20.º del Punjab y el 4.º de gurkhas. Tytler, la 2.ª brigada de infantería, con el 1.º batallón de Leicestershire, los guías y el 51.º de sikhs. Appleyard, la 3.ª brigada de infantería con el 81.º regimiento del norte de Lancashire, el 14.º sikh y el 27.º del Punjab y Gough la brigada de caballería, con un escuadrón del 10.º de húsares, y los regimientos 12.º y 25.º.

silencio con continuas descargas de sus potentes fusiles y lanzaban bengalas para iluminar el campo de batalla.

Con las primeras luces del alba el ataque se centró en el muro oeste, y en las barreras sur y este, del lado de Bimaru, donde los guías indios tuvieron que ser reforzados por los sijes, que no habían sido atacados áun. Después de horas de asaltos multitudinarios, entre las 10.00 y las 11.00 fueron perdiendo fuerza, aunque no bajó el entusiasmo y el valor suicida de los afganos. Al mediodía, gracias al trabajo de la artillería, el frente afgano presentaba una amplia brecha en las alturas de Bimaru y se pudo lanzar contra ella a la caballería y la infantería. Desde ese momento la resistencia afgana comenzó a flaquear y las concentraciones de guerreros a disolverse. La batalla estaba ganada.

Roberts y su estado mayor inspeccionan los cañones afganos tomados tras la batalla la mañana del 26 de diciembre, tras celebrar la Navidad en Kabul. Fotografía de John Burke.

La noticia de la derrota y la dispersión del enorme ejército de Mohammad Khan, llegó a Kabul la mañana del 24, cuando Roberts preparaba la expulsión de todos los afganos de la capital. Ordenó la persecución, pero Mohammad logró escapar a Ghuznee. En total los británicos e indios habían tenido 33 bajas y los afganos más de 3 000.

Ahora el objetivo era mantener sólidamente la posición ganada durante el resto del invierno, y reanudar las operaciones en primavera. El gobierno de la India se mostró contento por el resultado de la batalla, pero deseaba poner fin cuanto antes a la costosa aventura afgana. Por otra parte, la prensa se hizo

eco de terribles historias ocurridas a los prisioneros capturados por los afganos[45], lo que engendró unas respuestas británicas igual de brutales. Decenas de
aldeas fueron arrasadas hasta los cimientos y centenares de afganos ejecutados
sumariamente a la menor sospecha de que perteneciesen a las guerrillas. Medidas que los políticos liberales de la metrópoli —que no estaban dispuestos a
que el ejército británico se comportara de forma tan salvaje— consideraron
rápidamente censurables.

La ejecución del kotwal
—gobernador—, de la
fortaleza de Kabul el 26
de octubre. Un grabado
publicado en el
semanario The
Illustrated London
News *en 1880.*

No pensaban lo mismo los soldados que habían visto los restos de
sus compañeros horriblemente mutilados, para quienes las acciones de
Roberts eran apropiadas e incluso poco contundentes. El general Gough las
defendió también en una carta al Parlamento, en la que aseguró con claridad que no había habido ejecuciones irregulares o represalias que no fuesen justificadas.

La verdad es que era un problema al que se enfrentaban todas las potencias coloniales. En Europa, la opinión pública se alarmaba cada vez más
cuando escuchaba relatos sobre actuaciones brutales de sus tropas en Asia
o África, pero ¿cómo se debía responder a las atrocidades cometidas por los

---

[45] Al oficial y novelista británico John Masters, que no combatió en la guerra, pues nació en
1914, pero que sirvió en la frontera del Noroeste, le contaron que los soldados no musulmanes capturados —hindúes, británicos y sijes—, fueron castrados por sistema. También
cita casos de soldados ahogados al orinarse en su boca las mujeres *pastún*. Cierto o no, solo
hay que leer las noticias actuales referentes a Afganistán para comprobar lo poco que ha
avanzado la humanidad a la hora de comportarse de forma salvaje.

guerrilleros o combatientres locales? Había que tener en cuenta el enorme abismo cultural entre las sociedades enfrentadas. Si no se era muy duro, la población lo percibía como una debilidad, pero si se era excesivamente riguroso, aumentaban las filas de los rebeldes. Eso sin contar con que cualquiera acción en que se emplease mano dura, siempre suscitaba también la indignación en la opinión pública que se mostrara opuesta a la guerra.

En el caso de Roberts, la prensa británica fue capaz de proporcionar un registro de sus acciones y provocar las críticas sobre su manejo de la campaña. Sobre todo por las ejecuciones sumarias, que causaron un gran revuelo explotado por la oposición liberal en su campaña política de 1879. William Gladstone, el jefe del partido de la oposición no dudó en hacer de la crítica a la agresiva expansión imperial del primer ministro Benjamin Disraeli uno de los pilares de su campaña. La derrota en Isandhlwana, durante la Guerra Zulú, la masacre en Kabul o los «excesos brutales» de Roberts al sofocar la revuelta afgana, fueron mostrados como el precio a pagar con sangre de una política exterior fallida. Gladstone se refirió a la invasión de Afganistán como una simple «guerra contra el deshonor», e insistió en que Gran Bretaña no tenía derecho a invadir el país.

Las críticas molestaron a Roberts y a los altos mandos en Afganistán, ya que, honestamente, pensaban que sus acciones en Kabul habían sido leves, si se tenía en cuenta lo que les hubiera gustado hacer en venganza por lo ocurrido a Cavagnari, y por el desastre de 1842 —eso no hacía más que darle la razón a Gladstone—. Un sentimiento compartido por la gran mayoría de los soldados y oficiales que servían en la India y Afganistán, que vieron con sorpresa cómo los criticaban, a su regreso al Reino Unido.

Los liberales ganaron las elecciones, y Gladstone se convirtió en el nuevo primer ministro, para disgusto del ejército británico destinado en Afganistán. Decidió iniciar las negociaciones para firmar la paz y se comprometió a retirar todas las tropas. En ese momento la guerra había costado ya más de 17 millones de libras. Superaba en 12 millones los costes estimados iniciales.

En esas discusiones estaban cuando sucedió el desastre. El 27 de julio de 1880 bajo el liderazgo de Ayub Khan, los afganos derrotaron en Maiwand a las dos brigadas de británicos e indios que dirigía el general George Burrows. Pagaron un alto precio, perdieron entre 2 000 y 5 000 hombres —depende si creemos la versión afgana o la británica—, pero las fuerzas

Arriba, miembros del regimiento 66.º de infantería en la India, semanas antes de partir hacia Afganistán. Abajo, Los once últimos de Maiwand, un grabado de Frank Feller realizado en 1881 y coloreado posteriomente, que muestra la última batalla del 66.º y su mascota, Bobbie —se le puede ver disecado en el museo del regimiento—. Una composición que intenta emular lo sucedido en Gandamak cuarenta años antes.

anglo-indias tuvieron 1 757 muertos y 175 heridos[46]. Una cantidad insoportable para la opinión pública.

La derrota despertó a los británicos, que se dieron cuenta de que la lucha con los afganos podía convertirse en un desastre de la noche a la mañana, pero para Ayub Khan no fue un triunfo grato. Era consciente de que había perdido centenares de buenos combatientes para lograr una ventaja mínima. Una victoria pírrica que solo le sirvió para poder encerrar a las tropas británicas de la provincia en Kandahar[47].

Los supervivientes de la derrota de Maiwand, con el el resto de la guarnición de la ciudad de Kandahar, bajo el mando del general Primrose, fueron asediados rápidamente por los afganos. Era imposible la retirada sin hacer ver al mundo entero la debilidad del imperio. Todo quedaba en manos del ejército y en su capacidad para manejar la crisis.

4.2.2 La marcha a Kandahar

El teniente general Donald Stewart organizaba la retirada de Kabul, cuando llegaron las noticias del desastre. Hubo que formar una columna de refuerzo al mando de Roberts para liberar la asediada guarnición de Primrose. Era una situación peligrosa. Tendría que marchar 480 kilometros —300 millas—, sin otros suministros que los que pudiese llevar o tomar por el camino, que bien sabía que serían pocos. Sin embargo, la moral era alta. Los soldados habían sido informados de que iban a salvar a sus compañeros y que completada la misión regresarían a casa.

Roberts tenía algo de caballería y algunas baterías de artillería montada, pero la fuerza de su columna estaba en sus dos regimientos escoceses de infantería de élite. El 92.º, los *Gordon Highlanders*, y el 72.º, los *Seaforth Highlanders*, una fuerza muy bien equipada y entrenada. Junto a ellos marchaban sijes y *gurkas*, que salvo estos últimos, puede que no portasen lo último en armamento, pero eran leales y luchadores feroces y estaban bien entrenados.

---

[46] Cuando Cavagnari fue asesinado, la prensa británica, como la *Pall Mall Gazette* del 8 de septiembre de 1879, estableció comparaciones emocionales entre este suceso y el levantamiento de 1841 en Kabul. Ahora era imposible que no existiesen comparaciones con la desastrosa retirada de la guerra anterior.

[47] Se había pensado que la provincia de Kandahar se convirtiera en un estado independiente de mayoría *pastún* con una guarnición de tropas de la India que asegurara su lealtad. Ahora toda la estrategia británica estaba comprometida.

Mohammad Ayub Khan, de la etnia ghazi, también conocido como «El vencedor de Maiwand» o «El príncipe afgano Charlie», había sido gobernador de la provincia de Herat. Fue emir de Afganistán del 12 octubre de 1879 al 31 mayo de 1880. Enterrado en Peshawar, hoy se le recuerda como uno de los héroes nacionales de Afganistán.

Según algunos observadores extranjeros, la columna era la mejor fuerza anglo-india jamás reunida para una campaña.

El 8 de agosto partieron hacia Kandahar. Gracias a alianzas favorables con los líderes tribales, que estaban tan ansiosos por ver irse a los británicos como de asestar un golpe a Ayub Khan, su rival por el poder, no hubo apenas resistencia. Algunos ataques aleatorios de guerrilleros que merodeaban alrededor de sus flancos y retaguardia. El día 31, junto a la guarnición de Khelat-i-Chilzai, que se había incorporado a la columna, tras una dura marcha en pleno verano, entre polvo y bajo un calor abrasador, las tropas de Roberts entraron en Kandahar sin oposición.

Roberts, superior en rango a Primrose, tomó el mando. El mismo día de su llegada realizó con su caballería un reconocimiento al oeste de la ciudad, que reveló que las fuerzas afganas se concentraban para bloquear el

LA HEROÍNA DE MAIWAND

Puede que nadie haya oído hablar de ella fuera de Afganistán, y mucho menos en Gran Bretaña, pero Malalai —o Malala—, es una leyenda en su país, acostumbrado a los buenos relatos. Su historia se cuenta en todos los libros escolares afganos y varias escuelas, hospitales e instituciones llevan allí su nombre. Aunque Ayub Khan, llegara a ser conocido como el vencedor de Maiwand, se dice que fue gracias a ella como realmente se consiguió.

Malalai de Maiwand, sostiene la bandera actual de Afganistán en un dibujo de la artista SesapZai, como símbolo de la lucha contra los ejércitos extranjeros que ocupan el país.

De etnia *pastún*, había nacido en Khig, una pequeña aldea junto al campo de batalla de Maiwand y era la hija de un pastor. El 27 de julio de 1880 —que algunos dicen que era también el día de su boda—, tanto su padre como su prometido, se habían unido al ejército de Ayub en su ataque a los británicos, y al igual que muchas otras mujeres, los acompañó para proporcionar agua a los combatientes o darles armas de repuesto y ayudar a atender a los heridos.

La historia cuenta que en un momento del combate, el ejército afgano, a pesar de su superioridad numérica, comenzó a perder la moral. Cuando parecía que todo iba a volverse favorable a los británicos, Malalai se quitó el velo y gritó: «Amor, si caes en la batalla ¿Quién permitirá Dios que me ahorre este símbolo de vergüenza?».

Sus palabras hicieron reaccionar a los *ghazis*, que volvieron a lanzarse al ataque. En ese momento cayó uno de los principales abanderados, Malalai avanzó, recogió la bandera —algunas versiones dicen que hizo una con su velo—, y cargó junto a los demás mientras cantaba su landai[48]:

> Con una gota de sangre de mi amada
> Caída en defensa de la patria
> Me adornaré con un lunar en la frente
> Que avergonzará a la rosa en el jardín

Nada más terminar la estrofa fue alcanzada por los disparos y murió. Sin embargo, había logrado provocar a sus compatriotas, que se reagruparon y cayeron sobre las líneas británicas para producirles la mayor derrota de la campaña y obligarlos a una desastrosa retirada hasta Kandahar. Ayub Khan, cuando se enteró de su proeza, la colmó de honores e hizo que fuera enterrada en su pueblo donde, aún hoy, es fácil encontrar su tumba.

Como era de esperar, ninguna fuente británica menciona a Malalai. Quizá no la vieron, o si lo hicieron no les pareció que realizase algo tan importante como lo consideraron los afganos. En cualquier caso las mujeres afganas se mencionan en raras ocasiones en los informes y relatos de la Segunda Guerra. Solo Howard Hensman, que más tarde escribiría un libro sobre la campaña, habla de que encontró una mujer entre los muertos en Ahmed Khel.

Puede que no sea cierto, pero también uno de los coroneles de artillería de Ayub Khan dijo años después de la batalla, que eso de que los últimos soldados del 66.º habían muerto agarrados a la bandera no era más que una mentira. «Bastaba con haber visto donde estaban situados

---

[48] Un poema tradicional de dos líneas que comparten las mujeres y las niñas afganas cuando realizan sus tareas cotidianas. Probablemente se desarrolló debido a su facilidad de memorización en una cultura en la que muy pocos hombres estaban educados y a las mujeres se les prohibía escribir o leer poesía.

Paso Wali Baba. Rechazó la idea de un ataque contra su centro y optó por un movimiento de giro contra su flanco derecho. Ayub Khan, se dio cuenta de la potencial debilidad de su posición o fue informado. Esa noche reforzó fuertemente los pueblos de Gundimullah Sahibdad y Gundigan, situados por donde llegarían los británicos.

Un jinete pastún *hacía 1879. Durante la Segunda Guerra Afgana la caballería tribal desempeñó un papel mucho menos determinante que en la Primera. La potencia de las armas de fuego comenzaba a dejar atrás el tiempo de las grandes cargas de caballería, como se había visto en Crimea, y su papel quedó poco a poco relegado al de meras patrullas de observación.* Obra de Vasily Vereshchagin. Galería Estatal Tretyakov, Moscú.

A las 9.30 del 1 de septiembre, la artillería pesada británica abrió fuego contra las posiciones afganas que dominaban el Wali Baba. Mientras los cañones ingleses se batían en duelo con la artillería afgana, Roberts envió una fuerza india en un ataque de finta hacia el Paso. Con la atención de los afganos fijada en ese punto, mandó un poderoso contingente de infantería de tres brigadas sobre el flanco derecho, tal y como había previsto. La primera, integrada por el 92.° de *highlanders*, el 23.° y 24.° del Punjab y el 2.° *gurkha*, atacó la aldea de Gundimullah Sahibdad. Los afganos, firmemente atrincherados en las casas de piedra del pueblo libraron una dura batalla. El fuego de los fusiles era totalmente ineficaz contra ellas, y hubo que tomarlas una a una a punta de bayoneta. La resistencia afgana se quebró a las 10.30.

La batalla de Kandahar, representada por William Skeoch Cumming. Para acabar con la resisten-cia de los afganos, las tropas escocesas y gurkhas *se vieron obligadas a combatir casa por casa en las aldeas de Gundimullah y Sahibdad. Fue un combate brutal, en el que se cubrió de gloria el 92.º de infantería, los* Gordon's Highlanders.

Mientras, al sur, la segunda brigada compuesta por el 2.º y 3.º de sijes, el 5.º *de gurkhas* y el 72.º de *highlanders*, se encontró con una resistencia aún más dura en Gundigan, un laberinto de paredes huertos y acequias, que podía defenderse con facilidad. El teniente coronel Francis Brownlow, al mando del 72.º, fue abatido por una bala, pero el regimiento siguió adelante. Una vez más, la cuestión se decidió no por el fuego de los fusiles, si no por el acero de las bayonetas. Gundigan cayó a las 11.15.

Las dos brigadas rodearon el flanco derecho de la línea defensiva af-gana y se detuvieron brevemente para organizarse antes de lanzarse en un ataque contra la aldea de Pir Paimal, el último bastión entre ellos y su obje-tivo. Sin el apoyo de la artillería, la infantería cargó contra la aldea fortificada a punta de bayoneta. No tardó en apoderarse de la aldea. El ataque de flan-queo había sido un éxito, de hecho, había destruido toda la línea.

Fue el momento de ordenar avanzar a la 3.ª brigada. La que forma-ban el 60.º de rifles, el 15.º y el 25.º de Bengala y el 4.º *gurkha*, que se habían mantenido en reserva. Juntas, las tres brigadas golpearon el corazón de la posición afgana para tomar el campamento de Ayub Khan, potegido por un foso alargado y respaldado por un fuerte y una pequeña loma, con artillería. Lo defendían las mejores unidades de su infantería y, a diferencia de la masas de irregulares, estaban equipadas con el armamento capturado.

A las órdenes del comandante George White, dos compañías del 92.º y dos del 2.º de *gurkhas* cargaron contra el fuerte. Ya fuera por la frustración reprimida debido a lo irregular de la guerra, la venganza por lo de Kabul y lo ocurrido al regimiento 66.º, o simplemente por tener que marchar durante kilómetros por aquellos caminos dejados de la mano de Dios, lo hicieron de forma salvaje. Ya nada iba a detener a los *highlanders* y los *Gurkhas*. Para cuando llegaron al campamento los hombres del 23.º de Bengala, que los seguían de cerca, cientos de afganos yacían destripados en sus posiciones o cortados en pedazos por los *kukri*. Solo el agotamiento de los vencedores evitó que la retirada afgana se convirtiera en una masacre sin precedentes.

Sir George Stuart White fotografiado en 1900, con uniforme de general. Lleva la Cruz Victoria ganada el 6 de octubre de 1879 durante la batalla de Charasish, por su valentía ante el enemigo. La carga de Kandahar le valió el 2 de marzo de 1881 su ascenso a teniente coronel. Terminó su carrera militar en 1905, como gobernador de Gibraltar.

Roberts recibió una lluvia de elogios y medallas y dejó la campaña como uno de los más grandes generales del ejército británico. Su épica marcha hacia Kandahar y su victoria final, silenciaron las críticas. La batalla puso también fin a la guerra, y permitió a los británicos retirar sus fuerzas con honor. Habían demostrado una vez más que la disciplina y el entrenamiento podían superar el número, y que sus ejércitos eran capaces de llevar a cabo incursiones a gran escala en los lugares más desolados y aislados de la Tierra. A diferencia de lo ocurrido en la Guerra Zulú —que se libró en Sudáfrica casi al mismo tiempo— la infantería se había basado mucho más en el choque que en el fuego de sus fusiles para decidir las batallas.

Todo había resultado muy heroico para los militares y la siempre importante opinión pública estaba satisfecha, pero Roberts no había logrado ni por un momento superar el problema de cómo someter un país habitado por decenas de etnias que no se ponían de acuerdo entre ellas, que se odiaban, pero que también odiaban a los extranjeros.

4.3 En busca del orden interno

No puede decirse que la guerra afgana fuese popular entre los británicos. Convertido para la opinión pública en un país salvaje y brutal, la mayor parte consideraba que el Reino Unido debía evitar volver a involucrarse en un conflicto en las montañas con las belicosas tribus afganas, y que debía limitarse a asegurar las fronteras de la India.

Acabados los combates y huido Ayub Khan a Persia[49] , el emir Abdur Rahman se convirtió en el nuevo señor de Kabul con el beneplácito de los británicos.

Aunque algunos historiadores lo discuten, lo cierto es que al poco de retirarse las tropas británicas, Abdur Rahman se dedicó a fortalecer su poder y a centralizarlo en Kabul. A costa de la autonomía de muchas de las tribus. Atacó a las hostiles solo cuando sabía que podía lograr la victoria, y jugó con el soborno a los líderes importantes o con las rivalidades entre clanes para conseguir dividir a sus enemigos e imponerse a ellos uno por uno.

---

[49] Intentaría ocupar de nuevo Kandahar en 1881, pero no lo conseguiría. Falleció en el exilio en 1914.

Abdur Rahman Khan, emir de Afganistán de 1880 a 1901, en una fotografía tomada en 1897. Tercer hijo de Mohammad Afzal Khan, y nieto de Dost Mohammad Khan fue considerado en su tiempo un gobernante fuerte, al que posteriormente llamarían el «emir de hierro». Hizo méritos más que suficientes para obtener su sobrenombre.

Su sistema de impuestos y su dureza le hizo ganarse el odio de una parte de la población, pero también su temor. Al final de su reinado había logrado forjar un implacable estado policial, en el que incluso una simple crítica a su persona en un bazar o en la calle, podía suponer —si era escuchado por la persona equivocada—, ser detenido y enviado a prisión.

Tras reorganizar el ejército tribal y depurarlo para contar solo con hombres leales, atacó a los *ghilzais* rebeldes y los derrotó. Luego, comenzó un duro proceso por el que desalojó a miles de afganos de sus tierras y los trasladó a otras, para evitar su poder tribal. Así, tribus *ghilzai* que se la habían opuesto fueron enviadas a la frontera uzbeka o grupos *tayik* de lengua dari a territorios de mayoría *pastún*.

A finales de la década de 1880, aplastó la rebelión de algunas de las tribus *hazaras*, miles de hombres, mujeres y niños fueron vendidos como esclavos en los mercados de Kabul y Kandahar, y con los muertos construyó numerosas torres de cabezas humanas como una advertencia a otros que pudieran desafiarle[50]. En 1888, el emir pasó dieciocho meses en sus provincias del norte limítrofes con el Oxus —el Amu Darya—, donde participó en la pacificación del país que había sido perturbada por las revueltas, y en castigar con mano dura a todos los que se sabía o eran sospechosos de haber tomado parte en la rebelión de su primo, Ishaq Khan, señor del Turkestán afgano.

Finalmente, en su proceso de consolidación del poder interior, entre 1895 y 1896, Abdur Rahman dirigió la invasión de Kafiristán y la conversión forzosa de sus pueblos indígenas al Islam. La región pasó a denominarse Nuristán, nombre que ha conservado hasta hoy.

4.3.1 Equilibrio inestable: las fronteras

A pesar de las acciones militares del emir Abdur Rahman, las fronteras exteriores del país continuaron como fuente de permanentes conflictos e incidentes. El más grave ocurrió a mediados de marzo de 1885 en Panjdeh, cuando una fuerza afgana que estaba acampada en la orilla oeste del río

Bronislav Grombchevsky, nacido en Kaunas en 1855 fue uno de los oficiales del ejército imperial ruso que actuó como explorador y espía. Entre 1888 y 1892 viajó con frecuencia por el Lejano Oriente y Asia Central, igual que hacía su rival, Francis Younghusband. Los dos grandes protagonistas del «Gran Juego» se conocieron en 1889 cuando estudiaban el Valle Raskam, en el actual Pakistán, para sus respectivos gobiernos.

---

[50] Muchos *hazara* emigraron a Quetta en el Baluchistán —hoy Pakistán—, mientras que un número menor se instaló en Mashhed, Irán.

Kushk, en el camino de Merv a Herat, se encontró con un destacamento ruso en la orilla contraria. El día 29, el jefe de las fuerzas rusas, el general Alexander Komarov, envió un ultimátum y exigió la retirada de los afganos. Ante su negativa, a las 03.00 del día 30, los rusos los atacaron y los expulsaron de sus posiciones en el puente de Pul-i-Khishti[51].

El emir tuvo noticia del incidente en Rawalpindi, donde se entrevistaba con lord Dufferin, gobernador general de la India. Lo consideró un asunto menor, pero los británicos no. El emir era igual de astuto que sus antecesores. Sabía que si provocaba a los rusos tal vez solo lograría ser invadido desde el Norte, pero los británicos intervendrían y convertirían su país en un campo de batalla. No por eso logró impedir que rusos y británicos se sentasen a negociar para delimitar las fronteras y que se formase una comisión anglorusa para delinear los límites del norte de Afganistán. Ningún afgano participó, lo que convirtió definitivamente al país en un estado intermedio entre la India británica y el Imperio Ruso. Los rusos crearon una nueva ciudad, Kusha, en el territorio ocupado que marcó el territorio más al Sur de su imperio y de la posterior Unión Soviética[52].

En el sur también había problemas por causa de la frontera mal delimitada, y durante la década de los ochenta las escaramuzas en la frontera noroeste de la India fueron constantes. En respuesta, el virrey de la India, *lord* Lansdowne, buscó una manera de dejar claro que la autoridad británica no debía ser desafiada, y como responsable de la política exterior afgana, decidió anexionar al *Raj* los territorios que los persas habían cedido a Afganistán en 1857, esto es, Chagai, todo el Baluchistán, Nueva Chaman, y Waziristán. A cambio, Afganistán adquirió una pequeña región en las montañas situadas entre el Hindu Kush y Pamir, que valían mucho menos que los que el emir cedía.

A cambio el emir logró lo que necesitaba, subsidios británicos y el acceso al mercado de armas internacional para mantener y equipar un ejército moderno con el que aplastar a las regiones más rebeldes como el Hazarajat y el Kafiristán,

La frontera —la Línea Durand—, se extendía por más de 2 000 kilómetros. Cortaba el Pamir desde el Norte hasta el Mar Arábigo y prestaba

---

[51] Los rusos reconocieron 40 bajas. Los afganos tuvieron casi 600. Fue un desastre.
[52] Hoy se llama Serhetabat, República de Turkmenistán. Está a 35° 17' latitud Norte y 62° 21' longitud Este. El paralelo 35 pasa por Túnez, Chipre, California y Texas.

poca atención a las regiones tribales en el norte y centro de Afganistán. Resultó impopular entre las tribus fronterizas, que encontraron sus territorios divididos por ella y convirtió de repente a muchos de sus miembros en súbditos de los británicos. Además, los afganos que esperaban una extensión de sus fronteras hasta el mar, quedaron profundamente decepcionados, especialmente las tribus nómadas, cuyas rutas quedaban bajo la inspección y supervisión inglesa.

El teniente coronel Francis Edward Younghusband, explorador y espía en sus viajes por el Lejano Oriente y Asia Central. Cuando Younghusband se encontró con Grombhevsky compartieron una botella de brandy y comentaron la posibilidad de una invasión rusa de la India. Luego cosacos y gurkhas hicieron demostraciones de habilidad militar y todos se despidieron de forma amigable. La última expedición en que participaría Younghusband y que pondría fin al «Gran Juego» sería en el Tíbet, en 1904.

Esta sumisión relativa a los británicos, le buscó a Abdur Rahman un gran número de enemigos, pero también, y esto es importante, le permitió bloquear la modernización de todo aquello que no deseaba —cualquier cosa que no fueran las armas—, y dejó a su país sumido en una eterna pobreza. Lo que le interesaba para mantener su poder absoluto. Se limitaron al máximo las instalaciones de nuevas tecnologías de transporte y comunicación —desde ferrocarriles y carreteras a telégrafos—, por lo que Afganistán entró en el siglo XX con unas infraestructuras mínimas. Tampoco hizo mucho para desarrollar la industrialización o para mejorar los niveles económicos y las instituciones educativas.

En los últimos años de su vida Abdur Rahman, a pesar de su brutalidad y forma despótica de gobernar se había convertido en un gobernante más. Incluso recibió una invitación de la reina Victoria, la emperatriz de la India, para trasladarse en visita oficial al Reino Unido, algo que rechazó solo por su mala salud. Había dejado Afganistán tan sometido que hubiese podido permitirse el lujo de abandonar Kabul y el país, durante meses, algo inimaginable para sus antecesores. La demostración más palpable de que era así, fue que a su muerte en octubre de 1901 le sucedió su hijo Habibullah, uno de los muchos que tenía, sin que ocurriese nada. Absolutamente nada. Algo asombroso en la tierra de los afganos.

4.3.2 Más allá de las dudas

Habibullah Khan accedió al trono afgano en el momento de mayor esplendor del imperio británico y en el momento en el que Europa estaba en el apogeo de su poder. Soberano de un país multiétnico y dividido por odios tribales de siglos, se dedicó en los primeros años de su reinado a intensificar la introducción de la tecnología Occidental moderna en su nación. Fue el primer monarca afgano en darse cuenta de que si su país no cogía el tren del progreso quedaría relegado en el vagón de cola de la historia.

Como disponía, gracias a su padre, del apoyo del ejército, que era el medio por el cuál entraba la tecnología Occidental en el país[53], intentó que las clases altas vinculadas al poder en Kabul, y las familias más poderosas de los principales clanes, se abriesen al mundo. Pero, como ocurre siempre, esa apertura tenía sus riesgos. Mahmoub BegTarzi, un apasionado nacionalista —primo de Abdur Rahman— culto y gran periodista, además de un líder religioso, creo el *Ol-Akbar de Seraj* —*La Antorcha de las Noticias*—, que a pesar de ser un órgano moderno de comunicación, un periódico, sirvió para que las ideas clericales islámicas más opuestas a la cultura Occidental de raíz cristiana tuviesen una plataforma de difusión que, curiosamente, llegaba a los

[53] En todo el mundo fue así. Para todos los gobernantes del planeta, Occidente fue, ante todo, un poder militar, que superaba cualquier idea que se pudiese tener de los europeos. El hecho cierto, y a menudo doloroso, es que sus armadas y ejércitos eran, pura y simplemente, invencibles.

sectores más cultos e ilustrados, que era donde estaba el escaso porcentaje de la población afgana masculina que sabía leer y escribir.

Habibullah Khan, junto a buena parte de sus oficiales, durante unas maniobras en las montañas de Afganistán. Todos van vestidos con uniformes de corte ruso.

Hasta 1919 *La Antorcha de las Noticias* fue la plataforma de quienes oponían los fundamentos del islamismo contra los cambios en la sociedad afgana. Alcanzó tal fama que se dice que marcó a toda una generación de reformadores centroasiáticos.

El único asunto de fronteras que quedaba por resolver, la frontera este, se liquidó en 1904, cuando la línea fijada con Irán en 1872 por Gran Bretaña, quedó corregida y bien delimitada. Solo quedó las discusión sobre el problema de las aguas del río Helmand.

En 1907, Habibullah visitó la India en calidad de invitado del virrey, Gilbert Elliot, y quedó impactado por la magnificencia del *Raj*. Desde la marcialidad de las tropas imperiales indias a la magnífica organización de sus tropas indígenas, todo se convirtió «de facto» en un modelo a imitar. Para aprovechar el buen entendimiento con el líder afgano, Gran Bretaña propuso un nuevo pacto a los rusos, que se firmó en 1907.

El acuerdo establecía la aceptación por parte de Rusia de la influencia británica en Afganistán y que en lo relacionado con las cuestiones rusoafganas, el gobierno de San Petersburgo debía consultar a Londres antes de hacer nada. Por su parte, el Reino Unido se comprometía a no ocupar ni anexionar territorio afgano alguno y a no interferir en sus asuntos internos. El comienzo de la Primera Guerra Mundial en 1914 afectó a Afganistán, pues tanto los turcos, como los alemanes, hicieron todo lo posible para atraer a su órbita al monarca afgano. Encontraron un valedor en el príncipe Amanulá y el prestigioso Tarzi, padre de su nuera, que deseaban que Afganistán entrase en guerra al lado de los Imperios Centrales. Sin embargo, el emir, consciente de que su nación se vería obligada a combatir en dos frentes, estaba convencido de que era una locura desafiar simultáneamente a los poderes imperiales de Rusia y Gran Bretaña y, si bien bajo presión interna aceptó recibir en la capital a una delegación turcoalemana con la que logró un acuerdo muy favorable a cambio de atacar la India. Jamás lo hizo.

A pesar de que la situación pudo llegar a ser complicada, porque la marcha de grandes contingentes de tropas de la India británica a los frentes de batalla de Europa, África y Oriente Medio, dejó muy debilitada la frontera del Noroeste, y eran muchos los jefes tribales que veían una oportunidad de atacar a los ingleses. Las victorias turcas en Gallipoli y Kut-el-Amara, parecieron dar la razón a los partidarios de entrar en la guerra en el bando turco, pero los triunfos rusos en el frente del Cáucaso, mostraban a las claras que había que ser prudente[54].

Astutamente, consciente de que podía sacar ventaja de la situación ante los británicos, les ofreció mantener una estricta neutralidad a cambio de lograr un reconocimiento de plena soberanía cuando la guerra acabase. Lo que no pudo imaginar, es que el odio a los británicos, arraigado en lo más profundo del alma afgana, y el deseo de venganza de las humillaciones sufridas, pesaba más que la lógica en la mentalidad de muchos de sus compatriotas. El 19 de febrero de 1919, fue asesinado, en un complot urdido por aquellos que vieron en su actitud una prueba más de la sumisión de Afganistán a los intereses imperiales de Gran Bretaña.

Su hijo, Amanulá Khan, era el tercero en la línea sucesoria, pero era gobernador de Kabul y tenía el control del ejército y de la tesorería, por lo que se ganó rápidamente la lealtad de la mayoría de los líderes tribales del país.

---

[54] El gasto medio de un soldado ruso de conscripción de la época era casi cuatro veces inferior al de un británico, y su vida no valía nada. El gobierno de San Petersburgo desconocía lo que era la prensa libre y la oposición, por eso entre otras razones, la Rusia zarista era un rival imperial tan peligroso.

Amanulá Khan, con apenas diecisiete años, en una retrato de estudio. Lleva un uniforme de húsares igual al de los regimientos británicos de la época.

Tras el asesinato de su padre, su tío Nasruláh se proclamó emir, pero él hizo lo mismo en Kabul y, con el apoyo del ejército, tomó el poder, encarceló a su tío y se dispuso a llevar adelante su ambicioso programa de modernización y reformas en el país. Los británicos habían rechazado una vez más la pretensión afgana de convertirse en una nación libre y completamente soberana, lo que aumentó aún más la presión ante el nuevo soberano para que «hiciese algo».

Puesto que contaba con la ayuda de los militares, decidió aprovechar la Revolución Rusa para cambiar la situación de dependencia del Reino Unido. Sabía que los británicos habían quedado muy maltrechos después de la guerra y, en abril, se dio cuenta de que, si no podía encontrar la manera de calmar a quienes deseaban a toda costa una acción militar, podía perder su control del poder. Creyó ver una posibilidad a raíz de la terrible masacre de Amristar[55], que había creado una sensación en la India de enorme malestar. El 3 de mayo proclamó de forma unilateral la independencia plena de Afganistán y las tropas atravesaron el Paso Khyber para entrar en la India. Una vez más Afganistán y Gran Bretaña estaban en guerra.

---

[55] El 13 de abril de 1919 las tropas británicas mandadas por el general Reginald Dyer ametrallaron a una multitud de miles de hombres, mujeres y niños desarmados, que estaban reunidos en el jardín de Jallianwala para el festival de Vaisakhi —Año Nuevo—. Murieron unos 1 800 civiles y varios miles más resultaron heridos.

5

EN EL CORAZÓN DEL MUNDO

Un campesino del Nuristán. Aislados del resto del país por sus malas comunicaciones, los nuristaní siguen presentando, en un alto número, un aspecto netamente europeo, que no tiene nada que ver ni los macedonios, ni con Alejandro Magno, como se decía en el siglo XIX. Descendientes de los invasores indoarios, hablan media docena de lenguas y su región está, hoy en día, en relativa calma.

Para el afgano ni la vida, la propiedad, la ley o la realeza son sagrados, cuando sus propios deseos le incitan a rebelarse.

Rudyard Kipling.

EL ATAQUE AFGANO A LA INDIA cogió al alto mando británico en Delhi totalmente por sorpresa. Las tropas del general Nadir Khan tomaron sin grandes problemas la pequeña ciudad de Bagh, cuyo único valor militar residía en que suministraba agua a la fortaleza de Landi Kotal, la posición más occidental del Paso Khyber en poder de los británicos[56].

Oficiales y soldados del ejército regular afgano en 1919. Contaba con 50 000 efectivos, ni era una fuerza formidable, ni nunca lo había sido. Los verdaderamente peligrosos eran los 80 000 miembros de las tribus fronterizas, combatientes de primera clase para este tipo de guerra y para cualquiera.

En principio no parecía más que un nuevo incidente en la frontera con los indómitos *pastún*, que tal vez sabían que la guarnición británica se había visto reducida a tan solo dos compañías, cuando disponía espacio para medio millar de soldados, pero hubo varios sucesos extraños que despertaron la alarma entre los británicos. El primero, que los atacantes no parecían guerrilleros ni fuerzas irregulares. Estaban razonablemente uniformados y equipados como soldados. El segundo, que el comisario jefe de la Frontera del Noroeste, el general *sir* George Ross-Keppel, había recibido sospechosos informes acerca de un posible levantamiento popular en Peshawar, y se dio

---

[56]   Era una debilidad fatal. Ya en 1897, los *afridis*, la belicosa tribu *pastún* de la región, atacaron Landi Kotal y otros puestos en el Paso Khyber. A pesar de su buena defensa, los Rifles de Khyber, la unidad encargada de la posición no pudo aguantar debido a la escasez de agua.

cuenta de que tal vez ambos sucesos estaban interconectados y eran parte de un plan más amplio.

Roos-Keppel informó de inmediato de sus sospechas a *lord* Chelmsford, entonces virrey de la India, indicándole que se les debería dar una respuesta contundente a los afganos. El 6 de mayo, el *Raj* declaró el estado de guerra con Afganistán. Al mismo tiempo ordenó el estado de alerta en todas las unidades del ejército británico y preparó una movilización general.

Bagh, en el estado indio de Madhya Pradesh, fotografiado en 1919. Célebre por sus cuevas budistas del siglo VI decoradas con exquisitos murales.

Los primeros refuerzos enviados a la frontera estaban formados por dos compañías de sijes y *gurkhas* y una unidad metropolitana, el 2.º batallón de infantería ligera de Somerset, la única reserva disponible. En Peshawar, las fuerzas británicas rodearon la ciudad y amenazaron con cortar el suministro de agua a la población a un mínimo inaceptable para la supervivencia si no se les entregaba a los cabecillas de la rebelión. Los habitantes, asustados, lo hicieron el día 8 de mayo. Para entonces las tropas británicas concentradas ante Landi Kotal eran ya una brigada dirigida por el general George Delamain Crocker[57] que, el día 9, atacó a los afganos que se habían apoderado de Bagh una semana antes.

---

[57] Crocker, de origen irlandés, estaba acostumbrado a terminar con las rebeliones en su tierra. Esta le pareció una más.

El asalto, llevado a cabo de forma demasiado impulsiva, con absoluto desprecio por la calidad de las tropas enemigas, y con solo la mitad de la fuerza disponible, —el resto la reservó para proteger su flanco más expuesto—, fracasó estrepitosamente. Al acabar la jornada los afganos mantenían sólidamente sus posiciones.

Unidades del ejército de la India camino de Afganistán en 1919. La dificultad de las comunicaciones y lo abrupto del terreno hacían imposible el uso de camiones o vehículos blindados.

Visto como evolucionaban las cosas, el alto mando británico decidió ser más prudente. Al día siguiente, las brigadas 2.ª y 3.ª de la 1.ª división india de infantería, partieron de Nowshera en dirección a Abottabad, para lanzar una contraofensiva en Jamrud y Kacha Garhi. Mientras, otra brigada de la 2.ª división de infantería india se dirigía a Peshawar para eliminar cualquier intento de rebelión.

El día 11, un ataque mejor preparado sobre Bagh a cargo de las brigadas 1.ª y 2.ª al mando del general Charles Fowler, arrasó a los defensores afganos, que vieron lo que era estar sometidos a una «preparación» artillera moderna. Las 18 piezas con que contaban los británicos, machacaron las posiciones enemigas antes de que se produjese el asalto, apoyado por el fuego de cobertura de 22 ametralladoras, que sembraron de proyectiles el campo afgano. No es de extrañar que el 2.º batallón del regimiento del norte de Staffordshire y los dos batallones *gurkhas* que asaltaron la posición no tuvieran rival. Los británicos persiguieran a su derrotado enemigo hasta el Paso Khyber, donde los recién llegados aparatos de la RAF los sometieron a duros ataques.

Miembros del 2.º batallón del 7.º regimiento gurkha, *se preparan para cargar a la bayoneta durante el asalto final de Bagh.*

Con apenas 8 muertos y 31 heridos, los británicos habían causado más de 400 bajas, entre muertos y heridos, a los afganos, que dejaron el camino sembrado con los restos del material abandonado. Las armas y municiones las recogieron los montañeses, que podían haber auxiliado a la fuerza derrotada, pero de momento prefirieron dedicarse al saqueo.

5.1 Querer y no poder

Sobre el papel, el desafío afgano parecía una locura. El ejército británico de la India era una fuerza potente y veterana, inmensamente superior a cualquier cosa que Amanulá pudiese poner en el campo de batalla, a pesar de que estaba muy afectado por las pérdidas y el desgaste sufrido durante la guerra mundial recién finalizada.

Disponía de ocho divisiones, con cinco brigadas adicionales de infantería y tres de caballería, todo ello sin incluir a las milicias fronterizas o a las unidades tribales irregulares. En la eternamente conflictiva frontera del Noroeste, había desplegadas tres divisiones de infantería y dos brigadas de caballería, que llevaban su propia artillería[58], además de la división de infantería y la brigada de caballería de reserva que el alto mando tenía a su disposición para controlar el Paso Khyber. Tropas que siempre podían ser desplazadas, si era preciso, a los frentes de Tochi y Kurram, al igual que ocurría con una pequeña y ágil división de infantería ligera de la frontera de Baluchistán.

La principal debilidad del ejército de la India era la desmotivación de las tropas nativas, en algunos casos reclutas apenas instruidos. Habían sufrido graves bajas durante la guerra mundial luchando en frentes remotos y lo que deseaban era ser desmovilizados y regresar a sus casas. Además la situación política en la India se complicaba. Los movimientos nacionalistas conocían un nuevo auge y ya no estaba bien visto servir en un ejército opresor.

Respecto a sus enemigos afganos, en 1919 el emir Amanulá apenas pudo reunir a 50 000 hombres, repartidos entre 21 regimientos de caballería y 75 batallones de infantería. La artillería era buena, con 280 piezas en 70 baterías, pero las tropas regulares no estaban capacitadas para combatir contra un ejército moderno. El entrenamiento era pobre, de baja calidad y el armamento una caótica mezcla de piezas alemanas, inglesas, rusas y turcas, muchas obsoletas. No había transporte organizado y las condiciones de suministro eran rudimentarias. Su única ventaja era la de siempre. Disponía de combatientes formidables, duros y con una moral a toda prueba. Movidos por su codicia, ambición y odio a lo extranjero, eran peligrosos e incasables.

Era difícil que la arriesgada y peligrosa idea de Amanulá de librar una guerra a pequeña escala, y desestabilizar el Noroeste de la India, para obligar a los británicos a negociar, pudiera materializarse.

Tras la derrota de Bagh, y en la mejor tradición afgana, Amanulá siguió hablando de paz y negando lo evidente, por lo que no le resultó complicado a Roos-Keppel convencer al virrey de la necesidad de continuar la

---

[58] La infantería llevaba dos baterías —cada una con cuatro cañones—, con piezas de 18 libras, y una de obuses de 4,5 pulgadas. La caballería, piezas de 13 libras y dos baterías con tractores automóviles y obuses de 6 pulgadas, así como dos baterías de montaña reforzadas con obuses de 3,7 pulgadas. También existía una brigada independiente de artillería india con piezas de montaña de 2,75 pulgadas.

EL PESO DE LA TECNOLOGÍA

Durante la Tercera Guerra Afgana los británicos comenzaron a apreciar las ventajas de disponer de una superioridad aérea indiscutible. Sin rival, los cazas y bombarderos de la RAF pudieron operar sobre Afganistán con total impunidad, lo que les permitió obtener datos muy valiosos sobre los movimientos de tropas y desplazamientos de los contingentes afganos para prevenir emboscadas y sorpresas.

El aeródromo británico durante la campaña. En un lugar en el que las comunicaciones eran tan complicadas, la aviación jugó un papel clave durante la guerra y la posterior revuelta en Waziristán. Cinco escuadrones de la Royal Air Force *de BE2Cs, Bristol F2Bs, De Haviland DH9As y bombarderos De Haviland DH10 Amiens, fueron utilizados para ametrallar y bombardear a las tribus rebeldes de la frontera y atacar a pequeña escala objetivos en el propio Afganistán, incluidos Kabul y Jalalabad.*

El poder aéreo facilitó a los británicos atacar la propia capital afgana pero, sobre todo, ametrallar a las concentraciones de tropas en los pasos de montaña o a las columnas enemigas en retirada, lo que permitía machacar la moral de los afganos. El constante vuelo de los cazas, las pasadas mortales en vuelo rasante o sus audaces incursiones, tuvieron un efecto demoledor sobre el pueblo e incluso ante los propios guerreros, que podían hacer bien poco con sus fusiles hacer ante los ataques desde el aire.

El primer escuadrón que intervino en la guerra fue el 31.º, formado en Farnborough, Gran Bretaña, el 11 de octubre de 1915. Su primer despliegue fue Risalpur, en el distrito de Pukhtunkhwa, en la Frontera del Noroeste. Disponía de aparatos *Abro BE2Cs* y *Firman*. El segundo escuadrón disponible fue el 114.º, formado en Lahore, India, el 27 de septiembre de 1917. Estaba equipado con *Avro BE2Cs* y *Bristol F2B*. Desde el principio operó en la Frontera del Noroeste y se disolvió al año siguiente de acabar la guerra afgana, el 1 de abril de 1920. Solo tuvieron tres bajas. Dos aviones fueron derribados por fuego afgano y el tercero sufrió un accidente.

Consciente del daño que hacían los ataques aéreos, Amanulá se quejó amargamente de cómo los británicos se habían horrorizado de los bombardeos de Londres por los dirigibles alemanes, pero ellos hacían lo mismo en Afganistán. Era cierto, pero a los británicos no se les escapó el hecho de que un solo vuelo, el del solitario aparato que sobrevoló y bombardeó su palacio el 24 de mayo, fue uno de los motivos que le indujeron a pedir el armisticio.

La conclusión principal y más interesante de la intervención aérea sería que, en 1937, el alto mando británico en la India decidió que, en caso de un nuevo conflicto en la Frontera Noroeste o un alzamiento en armas masivo de las tribus de la región, el ejército actuaría a la defensiva, y las operaciones ofensivas quedarían, en su totalidad, en manos de la *RAF*. Es decir, se dejarían de tonterías y pasarían a los bombardeos masivos. Pocas cosas han cambiado desde entonces.

Emblema del escuadrón de la RAF n.º 31, que fue formado en la Frontera Noroeste de la India británica. Continua en activo y, por ironías del destino, ha intervenido con sus Tornado GR4 *en la actual guerra de Afganistán, durante la «Operación Herrick», para proporcionar apoyo aéreo rápido y directo a las tropas de tierra*

ofensiva e invadir Afganistán. El 13 cayó Dacca sin apenas lucha y se aseguró la entrada occidental del Paso Khyber. Esta vez, el ejército afgano no podía permitirlo. Su artillería pesada comenzó a batir las posiciones británicas, pero no sirvió de mucho. El 17, los británicos quedaron dueños del campo y los afganos se retiraron.

Hombres de los Rifles de Khyber en 1919, una milicia irregular afgana a sueldo de los británicos, que se encargaba del paso. Sus miembros comenzaron a desertar en masa, en cuanto comenzó la guerra. Su actitud obligó a disolver la unidad por temor a que los imitaran los regimientos regulares nativos.

Aún así Amanulá no pensaba ceder con facilidad, y logró que sus tropas hostigaran a las líneas de suministro británicas en el paso Paso Khyber. El aumento de los combates allí hizo que el mando británico suspendiese el avance hacia Jalalabad y los ataques secundarios contra el sur, desde el Baluchistán, para llegar hasta el valle de Zhob, y desde Quetta, para asegurar Kurram, cuyo valle quedó el día 23 en manos afganas.

En Kurram la situación se volvió crítica cuando las milicias de la provincia limítrofe de Waziristán, provocados por el gobierno afgano, se amotinaron contra sus mandos británicos[59]. Las dirigía el comandante Guy

---

[59] Solo en Quetta, parecían irles bien las cosas a los británicos. Allí habían ocupado Spin Baldak, una importante fortificación afgana.

Hamilton Russell y, para evitar males mayores, ordenó a las tropas que aún se mantenían leales que se retiraran de la frontera. Dejaron aislada a la guarnición del fuerte Thai, que custodiaba el paso. La mandaba el general Alexander Eustace, que contaba con dos batallones de sijes, dos de *gurkhas* y un escuadrón de caballería de la India. Resistieron durante una semana los masivos ataques del general Nadir Khan, que venía de ocupar los puestos que habían abandonado en la frontera los policías indios. Hasta el 2 de junio no logró relevarlos una potente columna llegada desde Peshawar y dirigida por el general Reginald Dyer, que a pesar de no disponer de transporte motorizado y del intenso calor, había logrado realizar los 30 kilómetros de distancia en menos de 12 horas. Ya eran otros tiempos, pero siempre quedaban en el recuerdo las masacres de las guerras anteriores.

Un guerrero mashud *en 1919. Eran una tribu* pashtún *que vivía en Waziristán. Capaces de vivir de las raciones más escasas y perfectamente adaptados a la vida en la montaña. Ferozmente independientes, habían perfeccionado sus habilidades en el combate durante años, a fuerza de atacar caravanas comerciales que viajaban desde y hacia Afganistán. Su número de combatientes se estimaba en 11 000. Solo las unidades británicas e indias más experimentadas y bien entrenadas podían competir con ellos en la lucha por la frontera.*

Miembros del 1.º batallón del 25.º regimiento de Londres, pertenecientes a la brigada Dyer, los únicos europeos que había en Thal. El fuerte vigilaba el estratégico y vital valle Kurram. Tras duros asaltos e importantes bombardeos, los afganos fueron capaces de ocupar una torre a 460 metros del edificio principal y desde allí incendiar varios de los almacenes de alimentos y suministros.

Esa misma mañana, la brigada completa se enzarzó en violentos enfrentamientos contra las posiciones de vanguardia del ejército regular afgano. Poco después, Nadir Khan le envió un mensaje a Dyer para comunicarle que había recibido órdenes de Amalulá para suspender las hostilidades. El general británico decidió que no iba a correr riesgos y continuó su ataque hasta la completa retirada de las fuerzas afganas. Luego las persiguió con caballería y carros blindados —del 37.º de lanceros, los primeros que habían llegado a la zona[60]—, mientras la *RAF* bombardeaba y ametrallaba a unos 400 guerreros tribales situados en las cercanías y que podían suponer una amenaza.

---

[60] Era el antiguo 7.º de caballería de Bombay. La caballería británica fue pionera en el uso de vehículos blindados y acorazados, lo que amplió su poder de fuego y su movilidad, rapidez y capacidad de destrucción. Para los afganos fue una dura sorpresa.

A pesar del armisticio los combates continuaron en Chitral y en el norte de Baluchistán durante algún tiempo. El tratado que pondría fin a la absurda guerra no se firmaría hasta el 8 de agosto, en la pequeña localidad fronteriza de Rawalpindi.

Por primera vez, las tropas occidentales habían empleado en Afganistán armas realmente modernas, sin embargo, en la práctica, no se había producido

Arriba, los delegados de paz afganos llegan al punto de reunión. Todo había quedado en tablas. Los ambiciosos planes para reclamar Peshawar y echar a los británicos habían fracasado, pero el tratado les daba a los afganos el derecho a realizar sus propias relaciones exteriores. Quizá el verdadero objetivo de Amanullá. Abajo, una panorámica de la delegación de Afganistán en el puesto de avanzada británico.

una diferencia notable en el número de bajas. Es más, entre los combates, el cólera y otras enfermedades, las unidades del ejército colonial habían tenido 1 751 muertos, y los afganos apenas 1 000

Amanulá quedó satisfecho por haber logrado el pleno control de su destino, pero tuvo que comprometerse de forma ineludible a no interferir en la India y en sus problemas políticos, y a aceptar la «Línea Durand», lo que consolidaba la Frontera Noroeste. Sin embargo, para satisfacción de los afganos, la situación en Waziristán, al norte de la India, se fue deteriorando aún sin su intervención. Los rebeldes de la región, armados con el material que los afganos habían abandonado en su retirada, y reforzados con centenares de desertores, se levantaron de nuevo el año siguiente.

Tal vez fuese algo difícil de apreciar, pero en menos de cincuenta años se había pasado de una intromisión completa de los británicos en los asuntos internos de Afganistán, a acordar que fuesen los afganos los que no debían «entrometerse» en los asuntos de la India. Sin duda, los británicos habían dado un paso atrás, pero el problema de los afganos y del emir Amanulá era que no tenían fuerzas para dar un paso adelante.

5.2 Las reformas imposibles

La consecución de la plena soberanía fue un logro notable para Amanulá, que creyó llegado el momento de implantar las ansiadas reformas que debían permitir al estado afgano convertirse en una nación moderna. Esta actitud de tipo «kemalista[61]» le iba a causar graves problemas pues, si había un país en el mundo difícil de modernizar, sin duda era el suyo.

La actitud de Amanulá fue sin duda valiente, pero parecía desconocer la realidad de su país. Un mundo violento y brutal cuyo odio al progreso, a lo desconocido y a lo diferente estaba tan arraigado que difícilmente cualquier cambio sería aceptado por los líderes de los clanes. Mucho menos, imponerse por la fuerza. Con cierta habilidad, estableció relaciones diplomáticas con las principales potencias a lo largo de los años veinte. Por

---

[61] Este término se emplea, por regla general, para los cambios radicales en las costumbres y tradiciones de un pueblo con intención de homologarlas a las de otra civilización o cultura. Hace referencia al líder turco Mustafá Kemal, que emprendió grandes reformas para europeizar Turquía.

vez primera Afganistán se presentaba como un sujeto de derecho internacional que parecía unirse al concierto de las naciones. Con timidez, pero con decidida voluntad.

Amanulá Khan, rey de Afganistán del 28 de febrero de 1919 al 14 de enero de 1929. Apoyó desde el principio a la República Socialista Sovietica. Su segunda esposa, Soraya Tarzi, nacida en Damasco, donde vivía exiliada su familia, de la poderosa dinastía pastún Barazkai, rompió siglos de tradición e implantó cambios en la vida y educación de las mujeres en el campo y la ciudad. Ideas que sirvieron a los ulemas conservadores y líderes religiosos para acusar a la monarquía de dejarse influenciar por las costumbres de los enemigos británicos.

Amanulá, que admiraba los logros de Kemal en Turquía, decidió apostar por unas buenas relaciones con el gobierno soviético nacido de la Guerra Civil Rusa, que había convertido en un campo de batalla una parte importante de lo viejos kanatos centroasiáticos del Turquestán con los que Afganistán limitaba al norte[62].

---

[62] La revuelta *basmachí*, liderada en 1916 por el antiguo Emir de Bujará, Mohammed Alim Khan, y avivada en noviembre de 1921 por el general Enver Pacha, ex ministro de defensa del Imperio Otomano, se extendió tanto, que el gobierno soviético temió perder el Turquestán. Tras la poética muerte de Enver Pacha —solo, un día de agosto que nevaba y a manos de un escuadrón armenio del Ejército Rojo cuyos hombres veían como terminaban con la vida de uno de los responsables del brutal genocidio de su pueblo—, continuó la lucha otro comandante *basmachí*, Selim Pacha. Cuando en 1923, finalmente aplastadas por los soviéticos, sus fuerzas se disolvieron, huyó a Afganistán.

La guerra en el Turquestán hizo que Amanulá, aunque acogió como refugiados a algunos de los líderes rebeldes, mantuviese un discreto apoyo a los soviéticos, que parecían representar la modernidad y el futuro, además de presentarse como claros adversarios de los británicos. Nada más acabar su enfrentamiento con el Reino Unido, y una vez recuperada su libertad de acción, el gobierno afgano reconoció a la República Socialista Federativa Soviética Rusa, y a finales de año tropas afganas entraban en territorio del viejo imperio zarista para ayudar a aplastar a los contrarrevolucionarios blancos en la región de Mary, en el Turkmenistán. Lo mismo que harían al año siguiente en el valle de Ferganá, en Uzbekistán.

Una de las razones que le habían impulsado a unir su destino a los soviéticos era la falta de acuerdo con los británicos en la segunda ronda de negociaciones de paz, pues había serias diferencias acerca de la unión de las tribus *pastún* a ambos lados de la «Línea Durand». Con absurda cabezonería, los británicos se negaban a que los territorios de la India de mayoría *pastún* formasen parte de Afganistán, y los afganos, que no tenían fuerza para imponer su voluntad, se limitaban, amargamente, a negarse a reconocer como válido el convenio sobre fronteras de 1921.

Ya en 1919 Amanulá había enviado un emisario a Moscú que Lenin recibió calurosamente, consciente de la ventaja que el nuevo estado ruso tendría en Asia Central si lograba atraerse a los afganos y ponía en una situación complicada a los británicos. Máxime, cuando formando parte de la fuerza internacional que apoyaba con tanto fervor a los contrarrevolucionarios blancos, el gobierno de Londres mantenía cerca de 40 000 soldados en Rusia[63]. Los afganos, por su parte, buscaban, a cambio de su apoyo, recuperar los territorios de Merv y Panjeh, perdidos en el siglo XIX, y tímidamente, para nadar entre dos aguas, ayudaron también a algunos grupos rebeldes con los que acabó el Ejército Rojo sin grandes problemas.

En vista de la cerrazón británica, y puesto que había que elegir, Amanulá se inclinó por una alianza con los soviéticos. La firmó en mayo de 1921. La Unión Soviética aportaba dinero en efectivo, tecnología y material militar, lo que incluía el embrión de la Fuerza Aérea de Afganistán, que se creó con aparatos de segunda mano y dudosa solvencia. La creciente amistad de Amanulá con los soviéticos molestó a los británicos, que además veían como

---

[63] La olvidadísima intervención aliada en la Guerra Civil Rusa mantuvo en el país más de 250 000 soldados. No se retiraron hasta 1920, salvo Japón, que lo hizo en 1925.

de forma nada disimulada los afganos apoyaban con armas y dinero a los grupos nacionalistas del Norte de la India, y en especial a los *pastún* de la Frontera del Noroeste. Decidieron tomar represalias comerciales, limitar el tránsito de mercancías y, en uno de sus rasgos típicos, no llamarlo «majestad». La verdad es que Amanulá tampoco se había echado en brazos de los soviéticos de una forma tan clara. Aunque fuese un reformador, no dejaba de ser un rey, y todo el mundo sabía lo que los comunistas hacían con los reyes. Además la represión de la revuelta *basmachi* y la brutalidad fría y mecánica del Ejército Rojo lo dejaron tan impresionado que comenzó a pensar que tal vez los «nuevos rusos» no fueran el mejor aliado del mundo.

5.2.1 El camino interior y la guerra civil

La innovadora y audaz política exterior afgana de acercamiento a los soviéticos se complementó en el interior con una serie de iniciativas encaminadas a dar un vuelco a la anquilosada y atrasada sociedad tribal. Seguidor de Tarzí y sus ideas revolucionarias en lo social, modificó su propia vestimenta y la adaptó al estilo Occidental y trató de igualar el estatus de las mujeres con el de los hombres.

En 1923 Afganistán sorprendía al mundo con una Constitución, la primera de su historia, que garantizaba las libertades individuales y los derechos fundamentales, la libertad de prensa. Declaraba abolida la esclavitud, establecía la educación obligatoria para ambos sexos, la creación de escuelas para adultos analfabetos y para los nómadas, implantaba un tribunal supremo y cortes de justicia no islámica, abolía los privilegios de la realeza — los suyos propios—, y los de los líderes tribales, y animaba a las mujeres a dejar de usar el velo y a salir de su eterno encierro. La reina Soraya Tarzi, afgana pero nacida y educada en Damasco, completamente occidentalizada, fue la adalid de las reformas en lo que respecta a las mujeres. Su estilo se alejó, radicalmente, del papel jugado, tradicionalmente, por las afganas.

En materia económica abrió el país al comercio con Europa y el resto de Asia, y lo sacó de su aislamiento ancestral. Creó un banco nacional, una cédula individual de identidad, reemplazó la rupia afgana por el afgani, adoptó el calendario solar persa y el sistema métrico decimal, y comenzó una campaña contra la corrupción, el contrabando y los impuestos que establecían los señores de la guerra locales. Bajo su reinado se consiguió construir, por fin, un ferrocarril, embalses de agua potable y por primera vez se instaló luz eléctrica. En 1925, incluso existía ya «Radio Kabul».

El problema fue que muchas de estas reformas se impusieron con una brutalidad y una insensibilidad total. Convencido, como los monarcas del «despotismo ilustrado» de la bondad de sus intenciones, las impuso sin piedad. Acabó con el bandidaje en el campo, sí, pero de forma salvaje. Las ejecuciones sumarias estaban a la orden del día y era frecuente ver a los bandidos capturados morir de hambre, o devorados por las alimañas.

Uno de los castigos para los bandidos de las montañas era este del «hombre-jaula». Al preso se le metía en una jaula de hierro y se le suspendía de un poste para que nadie pudiera darle agua ni alimento. Allí lo dejaban morir. Esta fotografía, tomada en el Paso Lateh, la publicó National Geographic *en 1925. Para los occidentales era un salvajismo medieval e incomprensible.*

A pesar de que llegó al poder con el apoyo del ejército, la política de Amanulá se granjeó paulatinamente enemigos tanto en las fuerzas armadas como entre los líderes tribales, reacios a todo cambio. Los asesores militares enviados por Kemal —turcos—, no sintonizaron bien con sus «tradicionales enemigos» persas, como los *tayik*, ni tampoco eran gratos a los *pastún*, por lo que en el ejército surgió una fuerte oposición antiturca liderada por el prestigioso general Muhammad Nadir Khan.

Muhammad Nadir Khan, nacido el 9 de abril de 1883 en Dehra Dun, la India británica, era uno de los miembros del Musahiban, la rama de la familia real que se oponía a las reformas y abogaba por mantener las tradiciones. El rey rechazó su consejo y en 1924 le envío de embajador a Francia para quitárselo de encima. Regresaría a la escena política en 1929 para hacerse con la corona de Afganistán.

Los *mulás* más radicales tampoco estaban muy conformes con las reformas, aunque la *sharia* —la ley islámica—, debía ser según la Constitución fuente secundaria del derecho, principalmente con las iniciativas para educar a niños y niñas en plano de igualdad, o dar derechos a las mujeres. La primera que se negó de forma radical a aceptar los cambios fue la tribu *pastún* de Jost, liderada por el *mulá* Abd el Karin, que se alzó en armas en 1923.

El emir envío una delegación de *ulemas* para negociar con los rebeldes, pero se dio cuenta de que se trataba solo de ganar tiempo para impulsar una revuelta general, por lo que ordenó al ejército aplastar la rebelión[64]. Aún así, esta advertencia hizo que Amanulá fuese más prudente. Alteró la Constitución para hacerla más conservadora, autorizó el uso de la *sharia*, estableció

---

[64] En esta operación intervinieron tropas soviéticas, que por vez primera entraban en combate en Afganistán. El viejo «Torneo de las sombras» estaba cambiando de jugadores. Los británicos tomaron nota, el emir afgano era más peligroso de lo que parecía.

impuestos especiales para hindúes y judíos y reconoció la escuela *hanafí*[65], como la única y oficial. Tal vez, en un intento desesperado por reforzar su autoridad, el emir Amanulá se convirtió en rey —*padshah*— en 1926. Un mero cambio estético.

Conocedor de la inquietud que las reformas causaban en el ejército, decidió acometer una reforma total del mismo, con el objetivo de convertirlo en una fuerza nacional completamente profesional. Para ello, lo primero era eliminar las tensiones tribales. Eso no solo le granjeó enemistades entre los grupos étnicos más poderosos que hasta el momento habían dominado totalmente las fuerzas armadas —los *pastún*—, sino que además le obligó a realizar una serie de purgas con las que se ganó peligrosos enemigos.

Habibullah Kalakani, también conocido como Bach-e-Saqaow *—el hijo del aguador, por el oficio de su padre—, logró ser emir de Afganistán de enero a octubre de 1929, después de deponer a Amanulá Khan, con la ayuda de varias tribus afganas que se oponían a la modernización del país. Tomó el nombre de Habibullah Khadem-E Din-e RasulAllah —El siervo de la religión y el mensajero de Dios—, para ganarse los apoyos de los islamistas más tradicionales. No lo consiguió. Fue derrotado y derrocado nueve meses más tarde por Mohammed Nadir Khan. Lo ejecutaron junto a sus hermanos y los principales jefes de la rebelión el 1 de noviembre.*

---

[65] A pesar de ser la más abierta a las ideas modernas, sigue algunas de las interpretaciones más estrictas de las leyes islámicas.

Considerada su actitud una provocación por parte de los grupos más conservadores, en noviembre de 1928 los *shiwari*, una tribu de duros guerreros *pastún* de Jalalabad, se alzaron en armas y avanzaron hacia la capital. Se enfrentaron al ejército regular y cedió estrepitosamente. Las deserciones masivas impidieron que pudiera oponerse al segundo frente que abrió el caudillo *tayik* Habibulá Kalakani, cuando atacó Kabul desde el Norte. Abandonado por los suyos, Amanulá[66] abdicó en su hermano Inyatulláh el 14 de enero de 1929 y huyó de la capital en medio de la noche. A los tres días, el nuevo rey, que se había encontrado con un puesto que no quería, estuvo de acuerdo en renunciar y que lo sustituyera Kalakani[67]. Los poderosos *pastún* no lo iban a permitir.

Los cinco hermanos del clan Musahiban, los nobles parientes del rey, entre quienes estaba el general Nadir Shah, cruzaron el Paso Khyber con un ejército de miles de hombres reclutados en Pashtunistan y el sur de Afganistán en septiembre. A primeros de octubre, Kabul fue rodeado. La mañana del 13, las tropas de Nadir Shah tomaron la ciudad y la saquearon. Cuatro días después, el general se proclamaba rey y acababa con gran parte de las reformas de Amanulá[68].

Aunque la guerra había acabado, los odios permanecían. En 1931 el nuevo rey elaboró una Constitución orientada a aplacar a los líderes religiosos y tribales más conservadores, pero no le sirvió de nada. Lo asesinaron el 8 de noviembre de 1933 durante la visita a una escuela. Le sucedió en el trono su hijo de 19 años, el príncipe Mohammed Zahir Shah.

5.2.2 El Padre de la Patria

A pesar de su edad y de que al menos dos de sus tíos —Mohammad Hashim Khan y Shah Mahmud Khan— ejerciesen una gran influencia en sus decisiones durante los primeros años, no se puede decir que al nuevo rey le fal-

---

[66] Amanulá cruzó la frontera india el 23 de mayo de 1929 y vivió su destierro primero en Italia y después en Suiza. Falleció en Zúrich en 1960 y sus restos fueron sepultados en la ciudad de Jalalabad.

[67] El rey abandonó el país sin saber que Ghulam Nabi había invadido Afganistán para ayudarlo con 6 000 leales que no sabían de su fuga y que, al conocerla, se disolvieron.

[68] El caos en el que de nuevo entraba Afganistán lo aprovecharon también los restos de los ejércitos *basmachi*, refugiados en el país tras la victoria del Ejército Rojo. Al mando de Ibrahim Bek y leales al viejo emir de Bujará, ocuparon Gharm, en el Tayikistán, hasta que fueron expulsados por el ejército soviético.

tase experiencia en asuntos políticos. Había colaborado con su padre y desempeñado cargos de responsabilidad en el gobierno, como viceministro de guerra y ministro de educación[69].

Mohammed Zahir Shah, el último rey de Afganistán, había nacido el 15 de octubre de 1914 en Kabul. Educado en una institución exclusiva para príncipes y alta nobleza, residió en Francia durante el tiempo en el que su padre fue embajador allí y continuó sus estudios en el Instituto Pasteur y en la Universidad de Montpellier. En 2002, de regreso a Afganistán tras el exilio, ocupó de nuevo su palacio en la capital y recibió constitucionalmente el título de Padre de la Patria, un nombramiento personal que se extinguiría tras su muerte. Falleció el 23 de julio de 2007.

Dispuesto a finalizar por fin con el secular aislamiento de su país, en 1934 dispuso la entrada de Afganistán en la Sociedad de Naciones y comenzó a firmar acuerdos comerciales con los estados vecinos. Al mismo tiempo comenzó a intervenir en la política internacional y a enviar ayuda económica, armas e incluso combatientes voluntarios a los rebeldes *iugures* del Turkestán chino. Las tropas del Kuomintang chino, al mando del general Ma Zhancang, aplastarían la insurrección sin grandes problemas después de vencer en Kashgar y Yarkand. A finales de 1934, ocupado el corredor de Wakhand por sus soldados, los nacionalistas chinos abolieron la Primera República del

---

[69] El periódico británico *The Guardian* publicó que asistió personalmente a las torturas a las que sometieron al asesino de su padre, el *hazara* Abdul Khaliq, pero nunca se confirmó

Turkestán Oriental, y restablecieron el control de su gobierno sobre la zona. La totalidad de los voluntarios afganos apresados fueron ejecutados.

Fueron años en los que el rey afgano se dejó querer por los tres países del Pacto Tripartito —Alemania, Italia y Japón—, que a pesar de enviar algunos asesores, poco pudieron hacer para conseguir el apoyo de una nación tan lejana y remota, y durante la Segunda Guerra Mundial. El país permaneció neutral y evitó la suerte de Irán o Mongolia[70].

En 1945 los aliados, victoriosos, presionaron a Afganistán para situarlo en su órbita. El rey, en principio, se inclinó por unir su suerte a los occidentales, temeroso de que una posición cercana a sus poderosos vecinos soviéticos pusiese su trono en peligro, pero enseguida, la retirada táctica británica de su vasto imperio incluyó también cualquier apoyo a Afganistán. Su marcha dejó al príncipe Mohammed Daoud, primo del rey, elegido oficialmente en 1953 Primer Ministro, como hombre fuerte. No tardó en darse cuenta de que dada la política de bloques a la que había conducido la Guerra Fría, el país necesitaría el apoyo de uno u otro bando para poder seguir adelante.

Se volvió primero hacia Estados Unidos, que no estaba aún bien situado en la zona. De acuerdo con el monarca contrató asesores estadounidenses, fundó la primera universidad y, en 1964, pareció obtener un gran éxito internacional al convertir el país en un estado democrático, con sufragio universal y un parlamento elegido por el pueblo, en el que las mujeres tenían sus derechos garantizados. Luego intentó conseguir ayuda militar de Washington. Se la negaron. Afganistán estaba demasiado lejos y no parecía importante. Carecía de materias primas de interés y ni siquiera podía desestabilizar la complicada situación que se vivía en Oriente Medio. El camino quedó abierto para los viejos amigos, los estrategas de Moscú, que no tardaron en hacer buenas migas con Daoud[71].

En agosto de 1973, mientras Zahir Shah estaba de viaje Italia para someterse a una operación de la vista, Daoud, con ayuda soviética, dio un golpe de estado, abolió la monarquía y se nombró presidente. Zahir Shah no volvió. Abdicó para no llevar a la nación a otra guerra civil.

En su plácida y hermosa villa al norte de Roma, el monarca afgano viviría desde entonces dedicado a jugar al golf y al ajedrez, sus dos pasiones. La invasión soviética de 1979 le devolvería por primera vez algo de protagonismo,

---

[70] Mongolia cayó en la órbita soviética durante la Revolución Rusa, e Irán fue invadida por británicos y soviéticos.
[71] Ver *David y Goliat* en esta misma colección.

La primera tienda de discos en Kabul, inaugurada a finales de la década de los cincuenta o primeros de los 60. Aunque el rey intentó mediante sus contactos con Occidente modernizar Afganistán a toda velocidad, el problema, una vez más, fueron las constantes pugnas entre los diversos grupos étnicos rivales. Hicieron imposible que las medidas reformadoras cambiasen lo más profundo de la sociedad afgana, que continuó como un país atrasado, pobre, violento y anclado en el pasado.

pues parecía una alternativa capaz de reunir a las facciones que combatían a los rusos, pero Zahir Shah no tenía la capacidad de convencer a los grupos islámicos más radicales, que tampoco lo consideraban una solución. En 1991 sobreviría a un atentado talibán para evitar que fuera una solución a la guerra civil que asolaba el país y ya no volvería a la vida pública hasta que los estadounidenses se acordaron de su existencia, trece años después.

5.2.3 Camino del abismo

El apoyo dado por la Unión Soviética a Daoud no había sido gratuito. Aunque el nuevo líder afgano asegurara que con el golpe de estado buscaba para su país una mejora real en el nivel de vida del «pueblo», a finales de la década, el Poiltburó ayudó a crear el marxista-leninista Partido Democrático Popular de Afganistán, de clara tendencia anti occidental, dirigido por Babrak Karmal, Nur Mohammad Taraki y Jafizulá Amín. No tardó mucho en hacerse con el poder y acabar con el Partido Revolucionario Nacional del propio Daoud. En 1978 una revolución militar derrocó al gobierno, ejecutó el presidente y cedió el poder al PDPA.

Nur Muhammad Taraki, presidente del Partido Democrático Popular de Afganistán y del país, habla en una conferencia de prensa en 1978. Nacido en el seno de una familia nómada de etnia pastún, aprendió inglés en la India y asistió a algunos cursos de la Universidad de Kabul. Conocido autor de relatos en los que trataba sobre las dificultades socio-económicas de los campesinos y los trabajadores afganos, sus obras fueron traducidas al ruso, lo que le llevó a contactar con el Partido Comunista Soviético antes de la Segunda Guerra Mundial.

Enseguida comenzó la lucha por el liderazgo entre los miembros del triunvirato comunista. Karmal, que había sido nombrado Primer Ministro Adjunto fue el primero en desaparecer. Lo obligaron a dejar su puesto y partió a Praga como embajador. Una vez allí, en otoño, fue acusado de conspirar contra el gobierno y se le destituyó. Ya no se le dejó volver. Finalmente Taraki fue nombrado presidente. El país, ahora República Democrática de Afganistán, tardó muy poco en ver cómo las dos alas del nuevo régimen —la *jalq*, «pueblo, marxista-leninista y la *parcham*, «bandera», algo más moderada—, emprendían reformas radicales, con la pre-ocupación de Occidente. Sobre todo desde que, en diciembre, Taraki firmó en Moscú el *Tratado de amistad, buena vecindad y cooperación entre la Unión de Repúblicas Socialistas Soviéticas y la República Democrática de Afganistán*, mediante el que recibía grandes cantidades de material militar.

Sobre el papel, su programa no era malo. Suprimía la usura, emprendía un importante proceso para alfabetizar a los campesinos, tenía en cuenta por primera vez los idiomas no oficiales —Taraki había aprendido el inglés a la perfección para poder encontrar trabajo— y y separaba —por fin—, la religión del estado. Además, legalizaba los sindicatos, fijaba un salario mínimo y se ponía como meta acabar con el cultivo del opio, la principal fuente de ingresos.

Las reformas más llamativas fueron sin duda las que afectaron a la igualdad de las mujeres. Se las autorizó a que pudiesen conducir o no llevar velo y a trabajar libremente, con lo que se eliminó la tutela a la que estaban sometidas. También quedó abolida la dote y se permitió que ingresasen en la universidad.

Sin embargo no todo el mundo estuvo de acuerdo con el camino que tomaba el país. La oposición a las medidas del presidente se extendieron desde los líderes locales bien organizados, como el *tayik* Ahmed Shah Massoud que, en el Norte, defendía la tradición y se oponía a las reformas, hasta grupos poco y mal estructurados, que comenzaron a manifestarse en diversas ciudades a finales del verano de 1978.

Un año se mantuvo Taraki en el gobierno. El 15 de septiembre de 1979, al día siguiente de un extraño tiroteo entre sus guardaespaldas y los de Jazifulá Amín, canciller y primer ministro adjunto, los partidarios de Amín lo asesinaron[72] y permitieron a este acceder a la presidencia. Fue el principio del fin, durante los poco más de tres meses de su gobierno Amín comenzó una dura represión contra la población, acompañada de importantes purgas en el partido que, tras una reunión del Partido Comunista de la Unión Soviética celebrada el 31 de octubre, obligaron a intervenir a Leónidas Breznev, presidente del Soviet Supremo. Ni quería ni podía permitir que el régimen de Amín acabara con la revolución comunista y cediera su suelo para instalar bases de la OTAN, una opción que cada vez parecía más posible.

---

[72] Aunque el gobierno anunció su fallecimiento oficial por enfermedad el 9 de octubre, no está claro el día de su muerte. Pudo ser el 15 de septiembre, el 17 o el 2 de octubre. Lo que sí es seguro es que lo asfixiaron con una almohada.

Lo cierto era que Moscú tenía razón. Amín se había aliado con Gulbudin Hekmatyar, líder del movimiento Hezbi Islami, que mantenía en los campos de refugiados afganos en Pakistán una sólida estructura política y militar. La sostenían fondos de la CIA, que pretendía acabar con la República Democrática de Afganistán y establecer un nuevo estado islámico. La intención de ambos era que Amín y sus colaboradores terminaran la noche del 28 de diciembre con todos los comunistas del gobierno y los jefes del ejército para que, al día siguiente, las milicias de Hekmatyar ocupasen Kabul. Amín conservaría el cargo de presidente y nombraría a Hekmatyar Primer Ministro.

Los planes se conocieron en Moscú el 19 de diciembre pero, por extraño que parezca, la intervención militar soviética no se decidió de inmediato. La dirección soviética, encabezada por Breznev, Alexei Kosygin y el Politburó, no estaban muy dispuestos a enviar tropas a Afganistán. Las decisiones del Politburó acabaron en manos de una Comisión Especial sobre Afganistán, formada por Yuri Andropov, presidente del KGB; Andrei Gromyko, Ministro de Relaciones Exteriores; Dmitriy Ustinov, Ministro de Defensa, y Boris Ponomarev, jefe del Departamento Internacional del Comité Central. Fue la que finalmente tomaría todas las decisiones.

De hecho Amin confió en la Unión Soviética hasta el final, a pesar del deterioro de las relaciones oficiales, porque contrariamente a lo que se ha dicho siempre y a la creencia occidental común, sabía que iban a llegar tropas soviéticas a Afganistán. Se lo había dicho al general Babadzhan, jefe del estado mayor afgano, el mismo general Tukharinov, comandante del 40.º ejército soviético. Lo que no imaginaba era que iban para destituirlo. Cuando el servicio de inteligencia afgano le entregó un informe para avisarle de que la Unión Soviética lo derrocaría, no lo creyó. Contestó que aquello era producto del imperialismo estadounidense.

Su punto de vista quizá puede explicarlo el hecho de que practicaba un incomprensible doble juego[73]. Para él, la Unión Soviética, después de varios meses, no hacía más que ceder a sus demandas y enviarle tropas que le aseguraran en el gobierno.

---

[73] Se le acusaba al mismo tiempo de pertenecer a la CIA y de haber participado en el asesinato del embajador de los Estados Unidos, Adolph Dubs. Es posible que fueran los soviéticos los que tuvieran razón cuando decían de él que era «un líder hambriento de poder que se distinguía por la brutalidad y la traición».

Tropas del 101.º regimiento de fusileros motorizados camino de Kabul. El 24 de diciembre de 1979, Leónidas Brezhnev, ordenó el despliegue del 40.º ejército en Afganistán. Había sido reorganizado tras disolverlo después de su participación en la Segunda Guerra Mundial, apenas una semana antes. Lo formaban tropas del Turquestán bajo el mando del teniente general Yu Tukharinov.

A las 00.00 horas del 25 de diciembre de 1979, Leónidas Khabarov, a la cabeza de la 100.ª compañía de reconocimiento del ejército soviético, cruzó con sus hombres la frontera entre Uzbekistán y Afganistán. Los acompañaban efectivos de la 154.º destacamento *spetnaz* —comandos de las fuerzas especiales soviéticas—. Todos avanzaron rápidamente a través de Mazar-i-Sharif, Kunduz y Puli Khumri, para cubrir los 350 kilómetros que los separaban del estratégico Paso Salang, en el camino a Kabul, por donde se esperaba la llegada de las primeras columnas del 40.º ejército. Lo hicieron en menos de 18 horas, con temperaturas que rondaron todo el tiempo los 15 grados bajo cero. Una vez en Salang, a pesar de las duras condiciones climáticas, las frecuentes tormentas de nieve, los fuertes vientos y la actividad de los *muyahidines*, organizaron un campamento para los siguientes tres meses.

En eso estaban cuando los sobrevolaron los aviones que llevaban a los paracaidistas al aeropuerto de Kabul y aparecieron por la carretera los primeros blindados. Mientras, en la capital, Amin, preocupado por su seguridad, se trasladaba desde el Palacio Presidencial, en el centro de la ciudad, al Palacio Tajbeg, a 16 kilómetros. Había sido la sede principal del Ejército de Centro afgano y sus paredes eran lo suficientemente fuertes para soportar el fuego de artillería.

Hacia aquel enorme bastión, bien defendido por 2 500 hombres de la Guardia Presidencial, que disponían de ametralladoras, artillería y tres carros blindados T-54, se dirigió en la madrugada del 27 de diciembre de 1979, un comando de tropas especiales de la KGB OSNAZ —Grupo Alfa—, compuesto por 600 hombres. Su misión era terminar con Amín. Se iniciaba un conflicto de proporciones inimaginadas.

Miembros del Spetsnaz *GRU* —Glavnoye Razvedyvatel'noye Upravleniye, *Dirección principal de inteligencia—, la unidad especial del servicio de inteligencia soviético, en Afganistán en 1979. Fundada a mediados de los años 50 como sucesora de las guerrillas de la NKVD, que habían actuado durante la Segunda Guerra Mundial, las tareas del* Spetsnaz *consisten en la lucha contra el terrorismo, sabotaje, reconocimiento y operaciones especiales. En 1979, se creó una unidad exclusivamente de soldados de las repúblicas soviéticas del sur cuyos idiomas fueran similares al turco y al persa.*

5.3 Los años de hierro

La invasión soviética de Afganistán no puede aislarse del contexto de la Guerra Fría en la que se produjo. Tal vez, los cinco años que siguieron a la derrota de Vietnam fueron los más sombríos de los Estados Unidos y sus principales aliados, como el Reino Unido. Convertida en una nación

OPERACIÓN TORMENTA-333

La invasión soviética de Afganistán fue una acción excelentemente bien planificada, llevada a cabo de forma meticulosa y eficaz. El primer objetivo era el Palacio Tajbeg, construido en 1920, en el reinado de Amanulá, por arquitectos europeos. Lo utilizaba la familia real como refugio campestre para descansar y cazar. Estaba construido sobre una colina, que el 27 de diciembre de 1979 estaba cubierta de nieve.

La misión de atacar el palacio presidencial, se encargó a 24 hombres del Grupo Alfa «Trueno» —Гром— y 30 del grupo especial del KGB «Cenit» —Зенит—. A ellos se sumaron 87 efectivos de las tropas aerotransportadas y 520 de un batallón paracaidista formado solo por soldados originarios de las repúblicas centroasiáticas de la URSS, en las que la población era muy parecida a los afganos. De hecho, en muchos casos, desde los *uzbekos* a los *tayik*, se trataba de las mismas etnias.

El objetivo era eliminar al presidente Amin, que se había convertido en un problema para la URSS. Las tropas soviéticas lograron alcan-

Algunos de los integrantes del Grupo Zenit en Kabul, en julio de 1979. El coronel del KGB, Grigory Boyarinov, jefe de los Kuo, estuvo a cargo de la operación. Los atacantes iban vestidos con uniformes afganos para obtener un mayor efecto sorpresa y no utilizaron ninguna insignia, salvo un brazalete blanco sobre la manga derecha. La contraseña utilizada fue Yasha, *a la que había que contestar* Misha.

zar sin problemas su objetivo, donde una vez descubiertas sus intenciones por los sorprendidos guardias del presidente, se entabló un feroz combate, en el que los invasores tuvieron que combatir planta por planta y habitación por habitación.

La superioridad técnica y en armamento de las tropas especiales soviéticas inclinó la balanza a su favor, y el presidente fue encontrado muerto, sin que quedara claro si fue abatido por los disparos de las armas automáticas de los rusos o por la metralla. Junto al presidente cayó el hijo de Amín, por la explosión de una granada, un médico soviético que trabajaba para el presidente afgano y la esposa de un ministro afgano que quedó atrapada en medio de un fuego cruzado.

Durante la operación murieron 6 oficiales del KGB, incluido el coronel Boyarinov, alcanzado por fuego amigo; 6 soldados del batallón musulmán y 9 de la compañía aerotransportada. Casi todos los participantes en el asalto resultaron heridos. Las bajas afganas fueron de unos 200 hombres entre soldados, guardias y oficiales.

Esa misma noche fueron tomados otros edificios del gobierno, como el Ministerio del Interior, el de la Seguridad Interna, y el palacio de Darul Aman. Fue una operación brillante que ha pasado a la historia como una de las mejor realizadas por las fuerzas especiales soviéticas. El palacio quedaría a partir de entonces como Cuartel General del 40.° Ejército.

El Palacio Tajbeg o Palacio de la Reina, construido en la década de 1920 por el rey Amanullá. Se encuentra en una gran colina en Darulaman, al suroeste de Kabul.

desmoralizada, con un gobierno, el de Carter, bienintencionado pero débil, que había fracasado en Irán ante el régimen islámico del ayatollah Jomeini que le planteaba un permanente desafío y con Gran Bretaña en una crisis profunda, los dirigentes soviéticos veían el triunfo al alcance de la mano. Los comunistas eran una fuerza política importante en muchos países de Europa Occidental, como Francia, España, Italia o Portugal, y los sindicatos mantenían un fuerte e intenso pulso con los gobiernos de turno. Además, en todo el Tercer Mundo la influencia soviética se hacía notar y, de África a Asia, incluyendo diversos movimientos de liberación de América Latina, parecía que nada ni nadie iba a poder parar la marea comunista.

En este sentido, desde un punto de vista estratégico, ocupar Afganistán parecía «un buen negocio». Contribuía a rodear completamente a China, cerrando el «óvalo de hielo»[74]. Desde que la URSS y la República Popular China estuvieran al borde la guerra en 1968, lenta pero implacablemente, los rusos habían ido rodeando a los chinos cuyos vecinos, desde Vietnam a Mongolia, eran pro soviéticos y los que no, como la India, contaban con acuerdos militares de colaboración con la URSS. Las únicas naciones que nos estaban bajo el «control» soviético, como Tailandia o Pakistán, estaban aliadas con los Estados Unidos[75].

Desde los tiempos de la Tercera Guerra Angloafgana, la Unión Soviética había mantenido un discreto apoyo la monarquía afgana. Fue una ayuda no demasiado importante, nada exagerada, lo suficientemente eficaz como para mantener al gobierno afgano suficientemente separado de los británicos, pero sin llegar a ser tan exagerado como alarmar al gobierno de India.

En realidad el material ruso entregado en los años treinta, unos pocos aviones, y armamento ligero, no era gran cosa, pero mantuvo a los afganos no demasiado alejados de los intereses soviéticos. En la Segunda Guerra Mundial los británicos y los soviéticos, ahora aliados forzosos, evitaron usar

---

[74] Desde la década de los ochenta China están obsesionada con romper los bloqueos estratégicos a los que la someten tanto la mayor potencia terrestre, Rusia, como la «talasocracia» dominadora, es decir, Estados Unidos, sin que hasta el momento, para desesperación de sus dirigentes hayan logrado éxito alguno.

[75] Frustrados los chinos atacaron Vietnam, sufriendo casi 20 000 muertos y una calamitosa derrota en menos de solo un mes de guerra, entre el 16 de febrero y el 17 de marzo de 1979.

Afganistán como nación intermedia para comunicarse y servir de vía de entrada de suministros a los acosados rusos; y ambas partes prefirieron usar Irán, nación que invadieron en 1941.

Al año siguiente, la URSS ofreció un programa para la capacitación técnica del ejército afgano, que se instaló en Tashkent, en República Socialista Soviética de Uzbekistán, y donde fueron formados oficiales durante años, pero la cooperación intensa no se inició hasta 1956, sin que los rusos, y es algo raro, intentasen convertir Afganistán en un estado títere al estilo de los del Pacto de Varsovia. Daba la sensación de que la herencia del «Gran Juego» pesaba mucho aún, y los soviéticos evitaron un choque directo con Occidente en las montañas afganas.

Por lo demás, el final de la vieja rivalidad con los británicos en la Frontera del Noroeste, desapareció en 1947, al separarse la India Británica en dos estados soberanos, Pakistán y la Unión India, y al menos en la teoría, el «Gran Juego» murió. Ese mismo año, los dirigentes soviéticos, se implicaron a fondo en conseguir convertir Afganistán en una nación amiga, que comenzó a recibir de los rusos grandes cantidades de ayuda, desde mera ayuda económica, a formación, equipo y armamento militar.

Tras la muerte de Stalin, la influencia soviética aumentó. Se firmó un acuerdo de colaboración militar en 1956 y la URSS empezó a enviar

El líder soviético Leonid Brezhnev abraza fraternalmente a Babrak Karmal, por entonces cabeza visible del partido comunista de Afganistán. Karmal era la opción soviética para dirigir al país.

cada vez más asesores y especialistas, pero tras el derrocamiento del rey en 1973, las ayudas fueron ya masivas. Técnicos soviéticos comenzaron a construir infraestructuras de todo tipo desde carreteras a hospitales, y desde plantas de energía a escuelas locales, y ya durante la década de 1980, en plena guerra, los soviéticos establecieron universidades en Blakhe , Herat , Takhar , Nangarhar y Fariyab, años en los que había ya miles de afganos que dominaban el ruso.

Fue sin embargo el presidente Daud Khan el primero en dar un paso adelante, cuando, alarmado por la primera prueba nuclear de la India, la fuerza revolucionaria de Irán, —que comenzaba descaradamente a apoyar a los sectores islamistas más radicales—, y el creciente poder paquistaní, llegó a la conclusión de que si Afganistán quería sobrevivir en medio de la región más peligrosa del planeta, debía armarse. A finales de 1978 solicitó formalmente a la URSS ayuda militar, justo después de que la región de Herat se sublevase.

Cuando Taraki, ya en el poder, pidió al primer ministro de la URSS, Alekséi Kosygin, «asistencia práctica y técnica, en hombres y armamento», se negó. Temía que una acción militar indirecta en Afganistán no fuera seguida ni siquiera en su propio país, y prefirió limitarse a decirle que contaría con su apoyo, pero nada más.

Taraki se dirigió entonces a su superior, Leónidas Brezhnev, el todopoderoso secretario general del Partido Comunista de la Unión Soviética y cabeza del estado soviético, quien advirtió a Taraki que la intervención total de la URSS solo serviría para dar fuerzas a los enemigos del régimen, por lo que le conminó a hacer hincapié en las reformas sociales y a buscar un apoyo interno más amplio.

En 1979, Taraki asistió a la conferencia del Movimiento de Países No Alineados en La Habana. A su regreso, pasó por Moscú el 20 de marzo, y se reunió con Brezhnev, con el ministro de Relaciones Exteriores Andrei Gromyko, y otros altos funcionarios soviéticos[76] para volver a intentarlo. Esta vez le fue mejor, y logró el envío de 500 asesores y especialistas militares y civiles y la entrega inmediata de equipos armada soviética vendido en un 25 por ciento por debajo del precio original. Además, dos divisiones soviéticas se desplazaron a la frontera afgana. A cambio Brezhnev exigió a Taraki la ne-

---

[76] Se dijo que Brabak Karmal, futuro presidente, estuvo presente en la reunión, en un intento de reconciliar la facción *khalq* de Taraki con la *parcham*, en contra de Amin y sus seguidores, cada vez más peligrosos.

cesidad de la unidad del partido, pero siguió siendo reacio a intervenir más en Afganistán.

5.3.1 La llamada a la insurrección

Las reformas de Taraki, que establecían cambios radicales, desde la instauración de un moderno sistema de matrimonio civil a la completa eliminación de los vestigios del feudalismo, que se encontraron con una oposición cada vez mayor[77].

La represión fue brutal, y Afganistán entró de nuevo en su tradicional espiral de violencia. Se cree que solo entre abril de 1978 y la intervención soviética, en diciembre de 1979, hasta 27 000 presos fueron ejecutados en la terrible prisión de Pul-e-Charkhi, incluyendo a muchos *mulás* y jefes tribales locales. Aún así, el gobierno no pudo evitar que las revueltas que comenzaron en el remoto valle de Kunar, en territorio nuristaní, en la siempre complicada frontera paquistaní, se fueran extendiendo como una mancha de aceite. En la primavera del 79, en al menos 24 de las 28 provincias había algún tipo de oposición armada al gobierno. El secuestro y asesinato del embajador de los Estados Unidos, cuando las tropas afganas y sus asesores soviéticos intentaban liberarlo, complicó aún más la situación, pues esta vez la URSS estaba directamente implicada en los trágicos sucesos.

La incapacidad del gobierno para acabar con las revueltas era tan obvia que el presidente pidió a los rusos que interviniesen urgentemente para ayudarles a acabar con los rebeldes *muyahidin*, pues al menos la mitad de los 80 000 soldados del ejército afgano habían desertado. Unas pérdidas, a todas luces disparatadas. Muy preocupados por la evolución que seguían los acontecimientos, el 16 de junio de 1979 el gobierno de Moscú aceptó enviar un destacamento de blindados a Kabul y tropas soviéticas aseguraron los vitales aeródromos de Bagram y Shindad[78], aunque algunos pesos fuertes de la po-

---

[77] En junio de 1975, militantes del *Islami Jamiat* intentaron derrocar al gobierno. Comenzaron su insurrección en el valle de Panjshir —entonces provincia de Parwan—, a poco más de 100 kilómetros al norte de Kabul, y en varias otras provincias del país de mayoría *pastún*. Fueron vencidos, pero era una señal.

[78] Un batallón aerotransportado, al mando del teniente coronel A. Lomakin, tomó tierra en Bagram el 7 de julio. Iban vestidos de técnicos especialistas, pero portaban todo su armamento.

lítica soviética, como Kosygin o Gromyko estaban en contra de la intervención, y pensaban que la URSS se estaba metiendo en un peligroso avispero. En julio, el gobierno afgano pidió que las dos divisiones de fusileros motorizados que estaban en la frontera entrasen en el país. Poco después pidieron la intervención de una división aerotransportada completa, pero el gobierno soviético no parecía tener demasiada prisa .

Fue la alarma creada tras el golpe de Amin lo que hizo cambiar a los soviéticos. La información del KGB era concluyente: el gobierno afgano estaba en negociaciones con los chinos y con los paquistaníes, y tal vez con la CIA, pues tenía reuniones secretas con el encargado de negocios de la embajada estadounidense. La posición internacional de la URSS en ese momento era muy fuerte, y una parte del ejército comenzó a ver interesante una operación que apuntalase el régimen comunista en Afganistán para, ante todo, evitar que una potencia hostil colocase un gobierno amigo a las puertas de las repúblicas soviéticas de Asia Central.

A primeros de diciembre el estado mayor puso al día sus «juegos de guerra» afganos y comenzó a estudiar rutas de invasión, puntos clave del país, nudos de comunicaciones y a evaluar posibles amenazas. La experiencia de operaciones como la de 1968 en Checoslovaquia fue muy útil a la hora de preparar la intervención, que debía ser un golpe demoledor que anulase cualquier oposición.

Así fue, cmo ya hemos visto, el 28 de diciembre, solo tres días después del inicio de la invasión, todo Kabul estaba en manos de las tropas soviéticas que controlaban también los edificios gubernamentales y todos los aeródromos afganos. Ese día, el mando militar soviético en Termez, en la República Socialista Soviética de Uzbekistán, anunció en Radio Kabul que Afganistán había sido «liberada del régimen opresivo» de Amin, y que «de acuerdo con el Politburo de la Unión Soviética y cumpliendo con el Tratado de Amistad, Cooperación y Buena Vecindad entre ambos países, Amin había sido ejecutado por un tribunal por sus crímenes por decisión del Comité Central Revolucionario Afgano». Un comité que había elegido como jefe de gobierno al exviceprimer ministro Babrak Karmal, «el hombre de Moscú».

Ese mismo día, las fuerzas terrestres soviéticas, bajo el mando del mariscal Sergei Sokolov, que habían cruzado la frontera el 27, comenzaron su despliegue. Por la mañana, tropas de la 103.ª división aerotransportada de la Guardia *Vitebsk*, llegaron al aeropuerto de Bagram y en las horas siguientes fueron ocupando sus posiciones las divisiones de fusileros motorizados de la guardia, 5.ª y 108.ª, el 860.º regimiento de fusileros motorizados, la 56.ª brigada de asalto aerotransportado y el 36.º cuerpo aéreo.

La vanguardia de una enorme movilización que se completó poco después con las divisiones de fusileros motorizados 58.ª y 201.ª, así como otras unidades más pequeñas de servicios, comunicaciones y apoyo logístico. En una semana había en el país 1 800 carros de combate y 80 000 hombres del ejército más poderoso del mundo, y en menos de dos meses su número había ascendido a los 100 000.

5.3.2 El rápido camino hacia la guerra

El primer objetivo soviético fue abrir corredores terrestres seguros entre la capital y los principales núcleos urbanos y las fronteras de las repúblicas soviéticas y bloquear la frontera con China y los principales pasos con Pakistán. Las tropas soviéticas habían penetrado por dos vías usando la red principal de comunicaciones terrestres del país, abriendo también un pasillo aéreo a los principales aeropuertos, que de inmediato comenzaron a ser ampliados y modernizados.

En contra de lo que en un principio pensaron los estrategas soviéticos, la presencia de sus tropas no solo no calmó a las guerrillas, sino que estas ante la presencia en el país de un enemigo extranjero y «ateo», redoblaron sus esfuerzos y en unas semanas el país entero estaba en abierta rebelión. El líder afgano, Babrak Karmal, era considerado por una gran parte de la población un mero títere, y empeoró las cosas cuando ante la ineficacia de sus tropas, solicitó a los soviéticos usar sus tropas contra los insurgentes.

La entrada en combate de las unidades soviéticas con sus terroríficos helicópteros artillados Mi-24 Hind y los ataques aéreos en vuelo rasante contras los ejércitos tribales y el uso de artillería pesada, desde cohetes de saturación a piezas de campaña con decenas de kilómetros de alcance y con capacidad de lanzar potentes cargas, provocaron miles de víctimas y la sensación de que los soviéticos eran pura y simplemente unos asesinos. Para colmo, no solo el papel principal en los combates estaba recayendo en las tropas rusas, sino que además se vieron obligadas a menudo a combatir contra grupos del propio ejército afgano que se alzaban en armas a la mínima oportunidad.

Para los soviéticos, al cabo de un trimestre en el país, la situación estaba clara. Todos los centros vitales del país estaban en su manos, lo que in-

Miembros de las fuerzas aerotransportadas a la espera de órdenes. La invasión sovietica de Afganistan provocó una fuerte reacción en todo el mundo. Estados Unidos, en sus horas más bajas, condenó la ocupación de forma inmediata, pero no pudo hacer mucho más.

cluía carreteras principales, especialmente la de Termez a Kabul, ciudades, aeropuertos y todo centro de producción útil que hubiese en el país, pero los muyahidines ocupaban el campo, divididos en grupos pequeños que los hacía menos detectables a la observación aérea y a las tropas que los buscaban en las montañas.

Algunas regiones como las de población nuristaní o el país hazara, quedaron libres de guerrilleros —los denominados por los rusos *dusham*, «enemigos»— y en la práctica comenzaron a vivir al margen del gobierno central afgano e incluso de los soviéticos, que los ignoraron. En el este, las tropas soviéticas con base en Herat se dedicaron a vigilar y asegurar la frontera con Irán, donde las penetraciones iraníes fueron contestadas violentamente dándose algunos choques entre tropas de ambos países.

Entre 1980 y 1985, las tropas soviéticas aprovechando su absoluta superioridad aérea, lanzaron nueve ofensivas en el valle de Panjshir y a lo largo de la frontera de Pakistán, por la que penetraba la ayuda a los muyahidines. En el este y el sur la resistencia afgana tuvo menos éxito y poco a poco las acciones soviéticas de búsqueda y destrucción fueron aniquilando a los muyahidines, aunque en Herat y Kandahar hubo actividad permanente toda la guerra.

La doctrina soviética establecía que el objetivo principal de sus tropas era dar encuadramiento y capacidad de lucha al ejército regular afgano que, desabastecido de material blindado pesado, sufría graves pérdidas en los combates con los muyahidines, una de las razones por las que el ratio de deserción siguió siendo altísimo. Ante la imposibilidad de que los afganos cumplieran con su cometido, las tropas soviéticas asumieron a regañadientes que les tocaba hacer el trabajo sucio.

El sistema elegido estaba claro, arrasar las aldeas rebeldes con ataques aéreos y uso masivo de blindados, destruyendo cultivos y granjas y sometiendo a la población por la fuerza. Miles de afganos fueron forzados a huir

Un helicóptero Mi-8MT soviético en Afganistán. Los bombardeos y los combates dejaron gran parte de la tierra fértil arrasada, lo que redujo drásticamente la producción en un país ya de por sí pobre y dedicado casi en exclusiva a la agricultura y la ganadería.

de sus hogares o murieron a causa de los ataques soviéticos diarios que hacían imposible vivir en algunas zonas para privar a las guerrillas de recursos y refugio.

Por otra parte, se combatió a la subversión infiltrando agentes entre las diversas facciones muyahidines para que facilitasen información, usando también el soborno a las tribus locales y a los líderes rebeldes. Por último, los soviéticos utilizan incursiones de tropas de montaña y fuerzas especiales en los reductos más agrestes bajo control de los rebeldes, aniquilando sus guaridas con ataques brutales apoyados por decenas de helicópteros artillados, que con sus cohetes, cañones, ametralladoras y sistemas de búsqueda nocturna con sensores de calor e infrarrojos rastreaban las cuevas y las colinas matando a todo ser vivo que encontraban.

El problema es que los soviéticos estaban comenzando a coleccionar demasiados enemigos. Nada más producirse la invasión soviética, 34 nacio-

Un carro blindado soviético encargado de proteger desde una posición fija en las montañas el tránsito de los convoys por la carrtera. Durante años la guerra de desgaste acabó con la posibilidad de controlar por completo a los afganos o a su país.

LA INVASIÓN SOVIÉTICA DE 1979

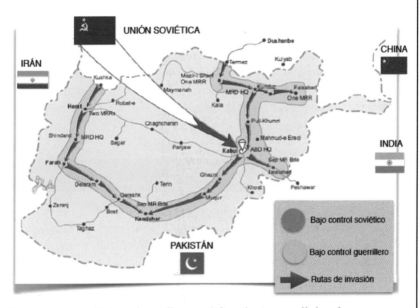

Las tropas soviéticas invadieron Afganistán en diciembre de 1979. El día 25 tropas aerotransportadas fueron trasladas hasta el aeropuerto de Kabul.

El 27, los soviéticos lanzan la operación «Tormenta-333», en la que sus fuerzas especiales del **KGB-OSNAZ** (Grupo Alpha) asaltan el palacio de Tajbeg, acabando con la vida del presidente Amin.

Ese mismo día, fuerzas acorazadas penetran en el país por Kusha y Termez, para alcanzar Kandahar y Kabul, que ya estaba en manos de tropas aerotransportadas.

nes de mayoría musulmana, adoptaron una resolución que condenaba la intervención y exigía «la retirada inmediata, urgente e incondicional de las tropas soviéticas de la nación musulmana de Afganistán». Hicieron una petición urgente a la ONU, donde el texto se aprobó por 104 votos a favor y solo 18 en contra —los países del «Telón de Acero y poco más». La URSS que, a comienzos de 1979, tenía una posición envidiable en el tira y afloja de la Guerra Fría, se estaba quedando sola.

Durante los primeros meses del conflicto, una vez visto que los soviéticos no eran capaces de imponerse con rapidez, algunas naciones islámicas comenzaron a aportar dinero y armas para los muyahidines, destacando en una primera fase Egipto y Turquía. China, a través de Pakistán, comenzó a realizar envíos masivos de armas portátiles y artillería ligera, en parte con dinero estadounidense, pero incluso la neutral Suiza, envió armas obsoletas de su ejército pagadas con dinero árabe.

5.3.3 Una derrota disimulada

En 1985, el tamaño de la LCOSF—Contingente Limitado de Fuerzas Soviéticas— era ya de 108 800 y la insurgencia, alimentada por el dinero y las armas que entraban en el país, aumentó. Fue el año más sangriento de la guerra. Sin embargo, a pesar de sufrir en gran medida, los caían sobre los muyahidines y la población civil. fueron capaces de permanecer en el campo, y recibir a centenares de voluntarios de los países de mayoría musulmana que se fueron incorporando a la lucha. Entre ellos destacaba un noble árabe saudí llamado Osama bin Laden.

A pesar de que los afganos jamás fueron capaces de tener un mando unificado y que libraron la guerra de una forma caótica, mediante grupos mandados por señores de la guerra locales, el material que llegaba de la ayuda extranjera comenzaba a dañar a los soviéticos, en especial los misiles *Stinger* —«aguijón»— que acabaron con la impunidad con la que la aviación y los helicópteros de ataque caían sobre los muyahidines y la población civil.

Las divisiones étnicas influyeron en la guerra, pues el reclutamiento de los muyahidines se hacía normalmente en función de las afinidades tribales, de forma que entre los *pastún*, fieros, orgullosos y poderosos, pero siempre enemistados entre sí, podían llegar a concentrar 10 000 muyahidines, aunque su cohesión era escasa y rara vez podían mantenerse mucho tiempo en campaña. Uno de los más exitosos señores de la guerra, el *tayik* Ahmad Shah Massoud, logró mantener siempre en armas a varios miles hombres en el valle de Panjshir, a pesar de sufrir demoledores ataques soviéticos, siendo, con mucho, el líder afgano más apoyado por el gobierno de Ronald Reagan.

Con algunas excepciones, la falta de líderes fuertes hizo que fuesen los *mulás* y los líderes islámicos locales quienes llevasen adelante los grupos y estimulasen a los combatientes y mantuviesen el país en un permanente estado de caos. Los sabotajes eran constantes, y afectaban a puentes, túneles, carreteras, líneas de energía, anulación de tuberías y estaciones de radio, voladura de edificios de oficinas gubernamentales, terminales aéreas, hoteles o cines y sembraron de minas el país. Ya en 1982 volaron la central eléctrica de Naghlu, dejando Kabul a oscuras. Entre abril de 1985 y enero de 1987, llevaron a cabo más de 23 500 ataques contra objetivos gubernamentales. Los muyahidines abrían fuego siempre dentro del alcance de la artillería soviéticas, poniendo a los campesinos en peligro de muerte ante las represalias[79].

Los ataques de los guerrilleros fueron aumentando en intensidad y los daños causados eran a menudo terribles, como en junio de 1982, cuando una columna de unos 1 000 jóvenes del partido comunista enviados a trabajar en el valle de Panjshir fueron emboscados a 30 kilómetros de Kabul y masacrados o cuando en septiembre de 1985 derribaron un avión civil mientras despegaba del aeropuerto de Kandahar, matando a las 52 personas que iban a bordo.

En mayo de 1985, los siete principales organizaciones rebeldes formaron la «Alianza de los Siete Partidos» para coordinar sus operaciones militares contra el ejército soviético, y a finales de 1985, los grupos activos en los alrededores de Kabul fueron capaces de atacar con cohetes la capital y llevar a cabo operaciones de gran envergadura contra el gobierno comunista.

El gobierno del presidente Karmal fue muy ineficaz. Debilitado por sus divisiones e incapaz de ampliar su base de apoyo social, Moscú llegó a echar la culpa del fracaso a Karmal, y cuando su incapacidad para consolidar su gobierno era un hecho evidente, en noviembre de 1986, Mohammad Najibullah antiguo director de la *Afghan*, la policía secreta, fue elegido presi-

---

[79] Este desprecio por la vida de los suyos era extraño para los rusos, pero para los estadounidenses y europeos ha sido aún más desconcertante. No era raro que usasen a niños y mujeres y pusiesen en riesgo sus vidas.

LA GUERRA SECRETA

Sin duda alguna el sistema más eficaz usado por los soviéticos contra la insurgencia afgana fue el uso de sus excelentes y bien entrenados servicios de información. Maestros en el espionaje, los soviéticos infiltraron agentes en los grupos tribales, por medio de la policía secreta afgana, la temible KHAD. Los agentes encubiertos debían informar acerca de las intenciones y movimientos de los grupos muyahidines, detectar a los líderes tribales o jefes de facción más propensos a ser sobornados y avivar las diferencias étnicas o de cualquier otro tipo en el seno de las guerrillas.

Charles Nesbitt Wilson cabalga junto a los rebeldes afganos durante su Guerra con la Unión Soviética. Wilson, oficial veterano de la armada de los Estados Unidos y representante demócrata en el Congreso por el segundo distrito de Texas de 1973 a 1997, fue uno de los participantes más importantes en la Operación Ciclón. Manejaba el dinero y las armas que se le entregaban a los mujahidines y formaba parte de una unidad del Pentágono que evaluaba las fuerzas nucleares de la Unión Soviética.

Asimismo el KHAD promovió operaciones encubiertas contra las bases de los muyahidines, especialmente en Pakistán, y creó una milicia el Sarandoy, de mercenarios afganos que tuvo algo de éxito a base de comprar voluntades y reclutar a personal dispuesto por dinero a combatir a las guerrillas. Por su parte, los servicios secretos occidentales tuvieron una destacadísima actuación en la guerra afgana. El asesor de seguridad nacional de Estados Unidos Zbigniew Brzezinski, uno de los más señalados «halcones» de la Casa Blanca, vio una oportunidad magnífica para desgastar a su enemigo, y tanto la CIA y la Agencia Nacional de Seguridad —la NSA— como el MI6 británico y los servicios de inteligencia de Pakistán, el Inter-Services Intelligence —ISI—, hicieron todo lo posible por extender la insurrección y armar y apoyar a los rebeldes, facilitando canales de entrada de dinero en colaboración con los árabes, especialmente Arabia Saudí y Egipto, adquiriendo armas en el mercado internacional e incluso ayudando a los chinos, llegando incluso a comparar armas al propio ejército soviético, en el que había oficiales corruptos que las vendían.

Ronald Reagan, presidente de los Estados Unidos, reunido en la Casa Blanca con los líderes islamistas. La Operación Ciclón fue el nombre en clave del programa de la Agencia Central de Inteligencia estadounidense para formar a los fundamentalistas islámicos en su lucha contra el gobierno de la República Democrática de Afganistán y el Ejército Rojo. Ciclón fue una de las operaciones de la CIA más largas y caras llevadas a cabo. Su financiación comenzó con 20 o 30 millones de dólares por año en 1980 y alcanzó los 630 millones anuales en 1987.

El suministro de millones de dólares en armas a los muyahidin, considerados «luchadores por la libertad» fue una de las operaciones secretas más largas y más caras de la CIA. La CIA proporcionó asistencia a los insurgentes en un programa llamado «Operación Ciclón», y hasta tres mil millones de dólares fueron usados para entrenar y equipar a los guerrilleros afganos. Con solo media docena de agentes estadounidenses en el país, por el miedo a ser capturados, pero una gran implicación en Pakistán, los agentes estadounidenses lograron la complicidad de personal local en sus operaciones, y tuvieron un enorme éxito.

Para Pakistán, la guerra fue una gran oportunidad de vengar la ayuda rusa a la India en las guerras de 1965 y 1971, y el general Muhammad Zia-ul-Haq, con el apoyo de su Estado Mayor y del teniente general Akhtar Abdur Rahman, director del ISI, decidió dar un apoyo masivo a los insurgentes afganos, que predominaban además en las áreas de mayoría pastún, una etnia con fuerte arraigo en su país. Los Estados Unidos, con los esfuerzos del congresista de Texas Charles Wilson, cedieron millones de dólares de ayuda a Pakistán para que mantuviera encendida la hoguera afgana en la que se consumía el temido ejército soviético.

Los paquistaníes se implicaron en serio en la guerra y además del ISI intervinieron en los combates hombres del SSG —Grupo de Servicios Especiales—, comandos de ejército que participaron en acciones de guerra, en las que tuvieron decenas de bajas, pues tanto el KHAD como el KGB realizaron en represalia y solo en 1987, acabaron con la vida de 234 personas en «incidentes» en territorio paquistaní, siendo el ataque más grave la voladura, en abril de 1988, de un depósito de municiones en las afueras de Islamabad que mató a 100 personas e hirió a más de 1 000.

Por otra parte la fuerza aérea soviética no vaciló a la hora de atacar territorio paquistaní y al menos 300 personas murieron en ataques «erróneos». Estos incidentes aumentaron en los meses anteriores a la retirada soviética en septiembre de 1988, dos cazas soviéticos MiG-23 derribaron un F-16 paquistaní y dos helicópteros AH-1J Cobra iraníes.

Sin embargo, esta guerra encubierta tuvo calamitosos efectos indirectos: Reforzó el el islamismo más radical, que luego se volvería con-

tra occidente; dio nacimiento a al-Qaeda y produjo una quiebra social
en Pakistán, pues la corrupción y el robo de grandes cantidades de ayuda
estimuló el crecimiento económico a Pakistán, a costa de crear efectos secundarios devastadores para el país.

*Talibanes fotografiados en Afganistán en 2010. Una de las principales característi-
cas de la Directiva Nacional de Seguridad 166 estadounidense, publicada el 27 de
marzo de 1985, fue permitir a la CIA que entrase en Afganistán directamente y es-
tableciese sus propias relaciones separadas y secretas con los combatientes afganos. La
financiación por el Servicio de Inteligencia y la CIA de los combatientes antisoviéticos
afganos llevó a la creación de fuertes vínculos entre los musulmanes combatientes de todo
el mundo.*

dente. Introdujo en 1987 una política de reconciliación nacional que no convenció a nadie, y no logró acuerdo alguno con los líderes de los diversos grupos guerrilleros.

La llegada de Mijail Gorbachov a la escena en 1985 y su política de *glasnost* —«transparencia»— tanto en política exterior como interior fue, sin duda alguna, el factor más importante en la decisión de retirarse de Afganistán. Intentando reducir las tensiones de la Guerra Fría, firmó el Tratado de Limitación de Armas de Alcance Intermedio en 1987 con los EEUU y aceptó retirar las tropas de Afganistán. Gorbachov consideraba también el enfrentamiento con China un error y redujo la presencia de tropas soviéticas en Mongolia, acelerando del proceso de retirada de sus aliados vietnamitas de Camboya.

Para retirar sus tropas, los estrategas soviéticos comenzaron a elaborar un programa de reformas militares en Afganistán. Lo primero era transferir la carga de la guerra contra los muyaidines a las fuerzas arma-

Tropas soviéticas en Afganistán. Son conscriptos equipados con el uniforme de campaña de invierno y armados con el omnipresente y eficaz fusil de asalto AK-47. El ejército de conscripción de la poderosa Unión Soviética tuvo un éxito relativo a la hora de lograr el control del país, y sus tropas se enredaron en una feroz guerra contra los guerrilleros muyahidines, *que aún estando divididos en varias facciones se embarcaron en una larga campaña contra las fuerzas invasoras, respaldados por los suministros y el apoyo logístico y financiero de naciones como Estados Unidos, Pakistán, Irán, Arabia Saudí, China y Gran Bretaña.*

das del gobierno, con el objetivo de prepararlas para combatir sin la ayuda soviética directa[80].

El plan soviético era apoyar a las fuerzas afganas con artillería, apoyo aéreo intensivo y asistencia técnica, quedando también en manos del LCOSF las operaciones militares de gran envergadura. Por supuesto las tropas especiales siguieron en acción llevando a cabo las misiones más arriesgadas.

A comienzos de 1987, las tropas del ejército afgano alcanzaron la impresionante cifra sobre el papel de 302 000, divididos en grupos para evitar tensiones internas, así 132 000 dependían del Ministerio de Defensa, 70 000 del Ministerio del Interior y 80 000 del Ministerio de Seguridad del Estado —el temible KHAD—[81]. En cualquier caso, las operaciones en Arghandab, Paktia o Zhawar, en las que el ejército tuvo éxito, al coste de grandes pérdidas, demostró que la fuerza real del ejército del gobierno era muy escasa.

La oposición, al ver la clara debilidad soviética, eligió a Sibghatullah Mojaddedi como jefe de Estado interino de la República Islámica de Afganistán, que se reunió con el entonces vicepresidente de los Estados Unidos George Bush, una victoria diplomática esencial para la resistencia afgana.

Sin embargo, era evidente que el hasta entonces invencible ejército soviético, no podía retirarse sin realizar algún tipo de acción que le permitiese «salvar la cara», y en una demostración de fuerza llevaron a cabo la Operación «Magistral», en la que aniquilaron literalmente

Soldado.
56.ª Brigada
de asalto.
Afganistán 1979.

---

[80] Es la misma estrategia llevada a cabo por los Estados Unidos en Vietnam, y como es sabido, también fracasó.

[81] Todo era un cuento, el ejército tenía 32 000 desertores al año. Una sangría insostenible.

a los grupos de muyaidines entre Gardez y Khost, limpiando una ruta esencial. Si bien en unos meses los guerrilleros se habían recuperado y volvían a controlar la zona, al menos dio a la opinión pública rusa y al ejército la sensación de que se retiraban con una victoria.

Un muyahidín con un lanzador de misiles antiaéros Stinger, proporcionado por los estadounidenses. En noviembre de 1986, en medio de continuos combates entre los muyahidines y las fuerzas soviéticas, Barbak fue destituido como primer ministro por orden de Moscú. Lo acusaron de inefectividad y lo reemplazaron por el ex jefe de la policía secreta de Afganistán, Mohammad Najibullah.

La primera mitad del contingente soviético se retiró entre 15 de mayo y el 16 de agosto de 1988, y la segunda mitad entre el 15 de noviembre de 1988 y el 15 de febrero de 1989. El gobierno soviético había pactado con los líderes de las facciones guerrilleras un paso franco, a fin de que la retirada se realizase sin incidentes, pero el gobierno afgano contempló desolado cómo se quedaba solo, y pidió al menos a Moscú algún tipo de ayuda «extra». Haciendo caso de la desesperada petición de auxilio, el 40º Ejército soviético en retirada, recibió órdenes expresas de atacar los refugios de Ahmed Shah Massoud en el valle de Panjshir, incumpliendo los acuerdos. Najibullah pensaba, con acierto, que el líder *tayik* sería un peligro inmediato en cuanto las tropas soviéticas se marchasen.

La decisión no gustó nada a los militares soviéticos que combatían en Afganistán, por lo que decidieron cumplir la orden de forma que causase el menor número de bajas propias, pero el 23 de enero de 1989 dieron comienzo a la Operación «Tifón», en la que durante tres días lanzaron miles de cohetes tierra-tierra, y decenas misiles de alcance intermedio contra objetivos en el valle de Panjshir, acabando con la vida de centenares de afganos. Apoyado el ataque con artillería pesada y ataques aéreos, los hombres de Massoud sufrieron graves pérdidas.

Sorprendentemente, en los meses siguientes a la reiterada soviética, las tropas gubernamentales afganas y sus asesores rusos, mantuvieron equilibrada la lucha y en primavera, los muyaidines sufrieron una dura derrota en Jalalabad, que no fue aprovechada por las graves diferencias internas del gobierno afgano.

En realidad el gobierno de Najibullah, aunque nunca tuvo apoyo popular, ni el reconocimiento internacional, fue capaz de permanecer en el

Muy bien entrenados y equipados, muyahidines afganos, los mismos que más tarde se convertirían en los talibanes, posan junto a uno de los helicópteros soviéticos derribados en 1979.

poder hasta 1992, y sus hasta entonces lamentables fuerzas armadas logra-ron aceptables éxitos, y alcanzaron un notable nivel al principio de los años 90, básicamente aprovechando las divisiones de las diferentes facciones de los muyaidines. La guerra parecía estancarse, pero la negativa de la Rusia post comunista a vender productos derivados del petróleo a Afganistán en 1992 por razones políticas —ya que el nuevo gobierno de Yeltsin no quería apoyar al gobierno comunista afgano—, y la deserción del general *uzbeko* Abdul Rashid Dostum, en marzo del mismo año, hundió en abril al gobierno de Najibullah. Con su caída quedó cerrado un periodo terrible de la dramá-tica historia de Afganistán.

Las últimas tropas soviéticas se preparan para abandonar Afaganistán en febrero de 1989. Regrsarían en 2010 como asesores de los oficiales afganos, en colaboración con las fuerzas desplegadas por la OTAN.

Oficialmente el total de las pérdidas en las Fuerzas Armadas So-viéticas, Guardia de Frontera, y Tropas de Seguridad Interna llegaron a 14 453 hombres[82]. Formaciones soviéticas del ejército perdieron 13 833,

---

[82] Como comparación, los norteamericanos tuvieron 54 000 muertos en Vietnam, en una guerra en la que murieron 2 millones de vietnamitas.

AFGANISTÁN,
UN MOSAICO ÉTNICO

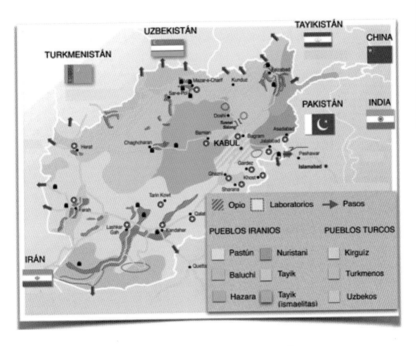

Decenas de etnias comparten el territorio afgano.
Habitualmente clasificadas por su origen étnico en función de
su idioma, hay dos grandes grupos, el indo-ario del grupo iranio
y el turco. Las diferencias raciales son tan variadas como las lenguas habladas.

⊛ Principales bases de Estados Unidos.

EL «VIETNAM SOVIÉTICO»

1978

27 abril: El comunista Partido Democrático de Afganistán Popular se hace con el gobierno tras un golpe de Estado. Dividido por líneas étnicas, no tarda en iniciarse la lucha interna por el poder. El país pasa a llamarse República Democrática de Afganistán —DRA—. Comienza en las provincias una insurgencia islámica y conservadora.

5 de diciembre: Se firma con la Unión Soviética un tratado de amistad sobre ayuda económica y militar, continuación del existente desde principios de 1950.

1979

Marzo: La Unión Soviética comienza a enviar ayuda militar de forma masiva a Afganistán, incluyendo cientos de asesores. Soldados afganos afines a la insurgencia se amotinan en Herat y masacran a los ciudadanos soviéticos antes de que su rebelión pueda ser aplastada. La insurgencia secuestra al embajador soviético en el país.

Septiembre: Hafizullah Amin emerge como líder de Afganistán tras un ataque durante el que el presidente Nur Mohammed Taraki es asesinado. El gobierno de Amin aumenta el número de fuerzas soviéticas para combatir la creciente insurgencia.

12 de diciembre: Los principales líderes del Politburó, ante una posible revolución islámica al estilo iraní, y disconformes con las reuniones secretas mantenidas por Amin con diplomáticos estadounidenses deciden invadir Afganistán.

24 de diciembre: El Ministerio de Defensa soviético ordena la invasión. Unidades de comandos ocupan las instalaciones estratégicas en Kabul mientras columnas de blindados cruzan la frontera en Termez y Kushka en dirección a Kabul y Herat, respectivamente.

29 de diciembre: Tras una semana de intensos combates y del asesinato de Amin, decenas de miles de tropas ocupan Afganistán. Babrak Kamal es elegido nuevo líder del país respaldado por los soviéticos.

1980

Se intensifica la resistencia contra las fuerzas soviéticas y sus aliados afganos. En los seis primeros meses de la campaña, los soviéticos han enviado más de 80 000 efectivos. Estados Unidos, Pakistán y Arabia Saudí comienzan la ayuda económica y militar a los muyahidín. Los Estados Unidos anuncian el boicot a los Juegos Olímpicos de Moscú.

1982

La Asamblea General de las Naciones Unidas insta a la retirada soviética.

1985

Se estima en más de cinco millones el número de afganos desplazados por la guerra. Muchos huyen a Irán o Pakistán. El nuevo líder soviético Mikhail Gorbachov afirma que quiere terminar la guerra en Afganistán. Con el fin de lograr una rápida victoria incrementa el número de tropas, con la que aumentan los combates y los atentados. Es el año más sangriento de la guerra.

1986

Los Estados Unidos comienzan a suministrar a los muyahidines misiles Stinger, lo que les permite derribar helicópteros de combate soviéticos. Karmal es reemplazado por Mohammed Najibullah.

1988

Afganistán, la Unión Soviética, Estados Unidos y Pakistán firman los primeros acuerdos de paz. Las tropas soviéticas comienzan la retirada.

1989

15 de febrero: La Unión Soviética anuncia la salida del país de sus últimas unidades. Han muerto más de un millón de afganos y cerca de trece mil soldados soviéticos. Los muyahidines, muy bien armados, continúan la guerra para derrocar a Najibullah. Lo consiguen en 1992.

el KGB 572, el MVD 28, y otros ministerios y departamentos perdieron 20 hombres. Durante la guerra, 312 soldados desaparecieron en acción o quedaron prisioneros, y de ellos, 119 fueron liberados. En total hubo 53 753 heridos, y 415 932 cayeron enfermos.

Muyahidín afganos en las montañas durante la guerra contra los soviéticos. Acostumbrados a la guerra, a la violencia, y a las armas, los insurgentes afganos fueron a finales del siglo XX tan peligrosos como sus antepasados lo habían sido para los británicos en las tres guerras que libraron en el país en cien años. Durante este conflicto los afganos consolidaron la fama que ya tenían de combatientes duros e implacables

En cuanto a las pérdidas materiales fueron cuantiosas y 451 aeronaves —incluyendo 333 helicópteros—, 147 carros, 1 314 vehículos blindados y 433 piezas de artillería y morteros fueron destruidos, además de 11 369 vehículos y camiones.

Para Afganistán la guerra fue espantosa. Es posible que muriesen en diez años 1 500 000 afganos[83], a los que hay que sumar los más de 5 millo-

---

[83] En 1985, solo en combates directos, cayeron 35 000 civiles, según el informe de Felix Ermacora, enviado Especial de la ONU para Afganistán.

nes que huyeron a Irán o a Pakistán. Además, al menos 2 millones fueron desplazados dentro del propio Afganistán. El número de discapacitados y mutilados es posible que superase los 3 millones, principalmente no combatientes. Los sistemas de riego, esenciales para la agricultura en un país pobre y árido, quedaron completamente arrasados y las minas terrestres, que mataron a 25 000 afganos, según el Comité Internacional de la Cruz Roja —informe de 1994—, no se limpiarán del todo en 4 300 años. La Cruz Roja y otros organismos internacionales tienen documentos sobre el uso de armas químicas.

A comienzos de 1993, Afganistán uno de los países más pobres del mundo, estaba completamente en ruinas.

6

EL PAÍS DE LA GUERRA

Un soldado estadounidense de guardia en un aeródromo en Nuristán en julio de 2013. Nuristán era llamado Kafiristán —tierra de los infieles—, pues sus habitantes fueron paganos hasta finales del siglo XIX. Tras la conquista de su región por el emir Abdur Rahman los obligaron a convertirse al Islam.

Lo que es obvio no es necesario explicarlo.

Proverbio afgano.

Los MILICIANOS DE LOS GRUPOS islamistas *Jamiati Islami* y *Shura-i Nazar* entraron en la capital sin violencia, pues para evitar más daños en un conflicto ya perdido, el general Mohammad Nabi Azimi, comandante en jefe del ejército, y el comandante de la guarnición, Abdul Wahid Baba Khan, evitaron combatir hasta el final: pactaron una salida honrosa para el presidente Abdul Rahim Hatef, y los principales líderes comunistas.

Afganos de la etnia pastún *fotografiados en 1989 esperan que pase alguna de las unidades del ejército soviético para realizar una emboscada. Poco cambiaron las cosas a partir de la primavera de 1989, cuando la Unión Soviética retiró sus últimas tropas de Afganistán.*

El día 28 de abril el presidente partió para el exilio, pero la derrota del gobierno impuesto por los soviéticos no supuso el final de la guerra en Afganistán, pues la mayor parte de los grupos muyahidín, en especial los controlados por la etnia *pastún*, estaban muy próximos a las tesis más radicales de defensa de la *yihad*, de la Guerra Santa islámica, y eran favorables a la instauración de un régimen islámico.

A principios de 1992, poco antes de la caída del régimen comunista, en Peshawar —Pakistán— los líderes de las guerrillas islámicas habían llegado a un acuerdo para repartirse el país en áreas de influencia en el que ya era llamado «Estado Islámico de Afganistán». Recién tomado el poder, su objetivo principal fue acabar con el *Hezbi Islami* de Hekmatyar, apoyado por Pakistán, el *Wahdat* chiita de Mazari, respaldado por Irán, y el *Junbish* del general Dostum, que contaba con la ayuda de la recién nacida república de Uzbekistán, dado que la mayor parte de sus militantes eran de etnia *uzbeka*.

Fueron los combatientes de *Hezbi Islami* los primeros en responder a los grupos armados que los habían expulsado de Kabul, pues contaban con buenas posiciones defensivas en torno a la capital, que a primeros de mayo empezó a recibir ataques de sus cohetes tierra-tierra. Los milicianos *uzbekos* los atacaron ya el 6 de mayo en varios barrios de la capital, y el alto el fuego del 23 de mayo no se cumplió.

El 25 de mayo, el grupo *Jamiati Islami* aceptó dar el cargo de primer ministro al candidato paquistaní, el experimentado Hekmatyar, pero un intento de asesinar al presidente Sibghatullah Mojaddedi hizo que el 30 los combates fueran ya generalizados. Murieron miles de civiles, como si la pesadilla de la guerra no pudiese acabar nunca.

En junio el líder de *Jamiati Islami*, Burhanuddin Rabbani, se convirtió en presidente. Esta facción y *Shura-i Nazzar* eran las que tenían mejores posiciones estratégicas en la ciudad, y atacaron con ferocidad a los chiitas de *Wahdat* y a los *wahabitas* de *Ittihad*, un grupo que contaba con dinero y apoyo militar de Arabia Saudí. Los combates duraron todo el verano. Se acabaron las reservas de alimentos, se cortó el agua y la electricidad y pareció que Kabul retrocedía a la Edad Media.

El 29 de diciembre Rabbanni fue elegido presidente —juró el cargo el 3 de enero—, con el apoyo de una coalición de

Soldado de 1.ª. Task Force Dagger. US Army. Afganistán 2010.

partidos que le garantizó una solidez al menos temporal. Sin embargo siguió la lucha, pues los enemigos de *Jamiati Islami* llegaron también a acuerdos para acabar con el gobierno, que en realidad solo controlaba una parte de Kabul, estando el país entero en manos de señores de la guerra locales y de partidos enfrentados entre sí, y fracasó un intento de llegar a un pacto con el partido de Hekmatyar.

Un cambio importante tuvo como protagonista al hombre que con su deserción provocó la caída del régimen comunista, el general *uzbeko* Dostum, que se alió con Hekmatyar en enero de 1994, pero no logró desequilibrar la situación.

En agosto tuvo lugar algo nuevo, el levantamiento de un movimiento islamista radical llamado *Talibán*[84] dirigido por una hombre fanático y capaz, el *mulá* Mohammad Omar. Comenzaba una verdadera revolución.

6.1 Turbantes negros

Robert Fisk, un periodista especializado en asuntos internacionales, demostró que un capitán británico que había combatido durante la Segunda Guerra Anglo-Afgana en la batalla de Maiwand, llamado Mainwaring, dejó escrito en relación a los sucesos acaecidos el 27 de julio de 1880, que había un determinado grupo de combatientes fanáticos entre los afganos llamados «talibanes» que ejecutaban a los

Soldado.
Task Force Badguis.
Ejército español.
Afganistán 2012.

---

[84] La palabra *talibán* proviene del *pastún*, y significa «estudiantes». Se trata de un préstamo del árabe. «Talibanes», que para un árabe es una forma dual, significaría «dos estudiantes». Desde que pasó al inglés, *talibán*, además de un sustantivo en plural refiriéndose al grupo, también se ha utilizado como un sustantivo singular, refiriéndose a un individuo. En los periódicos en idioma inglés de Pakistán la palabra se utiliza a menudo en singular para referirse a más de un *talibán*.

prisioneros abriéndoles la garganta y eran capaces de cometer acciones suicidas. Según Fisk, en la descripción del capitán Mainwaring, aparecían tocados con «turbantes negros».

Miembros de Hezbi Islami leales al conservador fundamentelista Mohammad Yunus Jalis, fotografiados en octubre de 1987. Después de la caída del gobierno comunista en 1992, controlarían la provincia de Nangarhar, al este de Afganistán.

Pero sin duda el origen moderno, al menos el más fiable, es muy reciente, y data de una leyenda —tal vez una historia real— según la cual el *mulá* Omar lideró un grupo armado de estudiantes, unos treinta, contra un señor de la guerra local que había secuestrado a unas niñas, al que ahorcaron del cañón de un tanque, y después ejecutaron a dos hombres acusados de querer sodomizar a un niño.

A partir de estas acciones, el mulá Omar comenzó a atraer a decenas y luego centenares de seguidores. Con su predicación de un credo islámico simple y brutal, atrajo a gran parte de los grupos *pastún* del Sur, y en Spin Baldak lograron capturar un almacén de municiones de la milicia de Hekmatyar. A partir de ahí sus combatientes, entre octubre y noviembre de 1994, tras una feroz batalla, se hicieron con el control de Kandahar. Tras su caída, los talibanes, con fuerte presencia *pastún*, se hicieron con el control del sur del país, con el apoyo económico y político de Pakistán, que veía en ellos fieles aliados, y de Arabia Saudí y los grupos armados de Osama bin Laden,

miles de guerreros que se unieron a sus camaradas afganos desde el país vecino.

Las áreas en las que los talibanes surgían no estaban bajo el control del
gobierno central de Kabul y en solo tres meses, de una forma que dejó asom-
brada a la comunidad internacional, se apoderaron de 34 provincias del país,
desarmando a población, a menudo sin luchar, e impusieron una estricta ley
islámica, que comenzaron a aplicar con vigor y determinación. El chador
fue impuesto como obligatorio y los castigos, como la amputación de manos
o brazos, pasaron a ser habituales.

*Un grupo de talibanes con un T-62 de fabricación soviética, del Ejército Nacional Afgano, fotogra-
fiados en 2008.*

Con la toma de Kabul en septiembre de 1996 el movimiento talibán
pudo establecer un emirato islámico en Afganistán, siendo su gobierno reconocido de inmediato por Pakistán, Arabia Saudí y los Emiratos Árabes
Unidos. De inmediato los talibanes comenzaron a construir un estado musulmán de corte radical, sostenido principalmente por los *pastún* —que son
el 40% de la población— y animados por miles de voluntarios de su misma
etnia pero nacionalidad paquistaní y por voluntarios de todo el mundo mu-

AFGANISTÁN, EL DESPLIEGUE ISAF/OTAN

España asumió bajo su responsabilidad, la provincia de Badghis, en la zona Oeste.

Kabul, mando de la ISAF/OTAN liderado por Francia

Mando del Sur, liderado por los Países Bajos

Mando del Oeste, liderado por Italia

Mando del Este, liderado por Estados Unidos

Mando del Norte, liderado por Alemania

sulmán, desde árabes a chechenos, suministrados por la red *al-Qaeda* —«la base», hasta el extremo que de los 45 000 combatientes con los que contaba el talibán solo 14 000 eran afganos.

El antiguo Ministro de Defensa y líder de la resistencia contra los soviéticos y el régimen comunista, el *tayik* Ahmad Shah Massoud, se opuso desde el principio y creó el llamado «Frente Unido Islámico» —la llamada también «Alianza del Norte»— que incluía a todas las etnias afganas: tayik, uzbekos, hazara, turcomanos e incluso algunos pastún. Massoud luchaba por una república y la consolidación nacional para lograr una paz duradera en Afganistán.

Massoud estaba convencido de que solo un sistema democrático podía garantizar una paz duradera en un país multiétnico y dividido como en Afganistán. Quería convencer a los talibanes para que se uniesen a un proceso político que desembocase en unas elecciones.

Massoud se alió con el general Abdul Rashid Dostum, su antiguo enemigo, y tras la negativa de los talibanes a llegar a un acuerdo en 1995, pareció en un primer momento que no tenían fuerza para imponerse al frente liderado por Massoud, pero los islamistas radicales contaban con aliados poderosos dispuestos a dar la vuelta a la situación.

Desde el principio Pakistán a través de los agentes del ISI apoyó a los talibanes, y las fuerzas combatientes enviadas al terreno de operaciones fueron coordinadas bajo la dirección militar del general Naseem Rana, en tanto que el entrenamiento de las tropas talibanes fue supervisado por el general paquistaní retirado Butt Ziauddin. El general Musharraf [85], presiente el del país, envío a miles de jóvenes soldados para luchar contra la Alianza del Norte, pero se trató en todo momento de ocultar su identidad, por lo que no usaron emblemas ni uniformes que pudiesen mostrar su origen.

El segundo gran apoyo vino de los árabes saudíes, buenos aliados de Pakistán y siempre dispuestos a apoyar a los movimientos islámicos radicales. Tras el golpe de Musharraf en octubre de 1999, la capital de Arabia fue la primera que visitó, y los saudíes enviaron millones de dólares para apoyar el esfuerzo en la guerra de los talibanes, y luego para consolidar su régimen.

El tercer gran apoyo fue *al-Qaeda*, nombre genérico para referirnos a los grupos armados de origen árabe que se incorporaron a la lucha en Afga-

---

[85] Musharraf llamó a los talibanes como « activos valiosos» y «defensores de primera línea de Pakistán». No había duda de a quien apoyaba.

nistán en la época de la ocupación soviética —la llamada «Brigada 055»—, pero en 1996, con el triunfo del régimen talibán, alcanzaron tal fuerza que se convirtieron en un auténtico estado dentro del estado. Sus voluntarios, duros y fanáticos, sembraron el terror en las aldeas afganas con sus cuchillos curvos y sus represalias atroces contra quienes se les oponían.

6.1.1 La guerra contra la Alianza del Norte

Los talibanes, con el apoyo directo de tropas de la 13.ª división del ejército de Pakistán y de la 50.ª aerotransportada, lanzaron una serie de ataques muy violentos contra el valle del Panjshir, el refugio de Massoud en una operación planificada y ejecutada siguiendo las directrices del general Naseem Rana. El «león de Panjshir» que durante años había resistido a los poderosos ejércitos soviéticos era un rival duro de pelar, y sus tropas lograron rechazar todos los ataques y mantener sus posiciones.

Con la guerra estancada, Massoud, que formalmente seguía representando al gobierno legítimo del país, y que era el reconocido por la ONU, preparó una conferencia en 1997 para decidir sobre el futuro del país. Era el candidato un *pastún*, Abdul Rahim Ghafoorzai, no afiliado a ningún partido y, sin votos disidentes, fue elegido como nuevo primer ministro. El programa de Ghafoorzai fue recibido bien por amplios sectores de la población, y se hizo un esfuerzo por lograr un gobierno con una fuerte base popular.

Massoud disponía ahora de un ejército afgano bien equipado con material nuevo, y avanzó hacia la capital con vehículos blindados y carros de combate, siendo detenido por una fiera resistencia talibán a unos kilómetros de Kabul. Esta detención de su ofensiva, unida a la muerte del primer ministro en un accidente aéreo en Bamiyán impidió la formación de un gobierno de consenso. Massoud se replegó de nuevo a su fortaleza natural en su valle y la oportunidad se perdió.

En el mismo año de 1997 aumentó la presión talibán sobre las áreas del Norte bajo control del general Dostum, traicionado por uno de los líderes locales, Abdul Malik Pahlawan, que facilitó el ataque a la localidad de Mazar-e Sharif. La mayor parte de los comandantes de Dostum desertaron, incluso una parte de su fuerza aérea. El 25 de mayo cayó la ciudad en manos de los talibánes, que de inmediato comenzaron su campaña brutal para imponer la *Sharia*, la ley islámica.

Jalalabad, Afganistán. El soldado de 1.ª clase Craig Lewis —izquierda—, de 19 años, y el especialista del US Army, Jared Yoakam, de 26, ambos del Grupo de Tareas de la 82.ª brigada de aviación de combate, comprueban signos de problemas mecánicos en el rotor principal de su helicóptero Black Hawk UH-60M. Fotografía del sargento de 1.ª clase Eric Pahon,de la oficina de relaciones públicas de Task Force Poseidon.

A finales de mayo las vanguardias talibánes estaban ya en Syedabad, momento en el que Malik cambió de nuevo de bando, ejecutó a unos 3 000 prisioneros y Mazar-e Sharif cambió de dueño, aunque la perdió de nuevo en agosto de 1998[86].

Al Este, en Herat, miles de milicianos del partido *Wahdat* fueron ejecutados por los talibanes —se calcula que unos 3 000—, que se hicieron con el control de la zona y, aprovechando los enfrentamientos entre los hombres de Malik y los de Dostum, tomaron Hairatán. Allí asesinaron a cerca de 4 000 civiles de etnia *hazara*, por ser chiitas.

Desesperado por el avance imparable de los radicales islámicos, y consciente de que se enfrentaba a Pakistán, Massoud afirmó con claridad en Bruselas, a donde había ido en busca de ayuda, que «los talibanes y *al-Qaeda* sin

---

[86] Entre los muertos en Mazar-i Sharif había diplomáticos iraníes, y varios fueron secuestrados, lo que desató una crisis que casi llegó a una guerra con Irán, que acumuló cerca de 250 000 soldados en la frontera afgana

el apoyo de Pakistán y Bin Laden no serían capaces de sostener su campaña militar por más de un año[87]».

El 9 de septiembre de 2001, dos árabes supuestamente pertenecientes a *al-Qaeda*, se hicieron pasar por periodistas y detonaron una bomba oculta en una cámara de vídeo mientras entrevistaban a Ahmed Shah Massoud, que murió en el helicóptero que lo llevaba a un hospital. Durante 26 años había sobrevivido a decenas de intentos de asesinato por el KGB soviético, el KHAD afgano, el ISI paquistaní, y la práctica totalidad de los grupos rivales. Ahora lo habían logrado.

Por temor a que la desesperación cundiese entre los defensores del Panjshir, los guerreros *tayik* de la Alianza del Norte se negaron a reconocer la muerte de su líder. Sin embargo, todo iba a cambiar, y lo iba a hacer porque tan solo dos días después del atentado, el 11 de septiembre, los terroristas islámicos lanzaron un nuevo ataque devastador, pero no en Afganistán, sino contra los Estados Unidos, acabando con la vida de más de 3 000 personas en Nueva York y Washington. La guerra afgana se iba a convertir, una vez más en un asunto internacional.

6.2 Y de repente, el infierno

En Estados Unidos se sabía desde hacía tiempo que Bin Laden, autodeclarado responsable de los atentados contra las Torres Gemelas y el Pentágono, estaba en Afganistán, por lo que el gobierno estadounidense solicitó su entrega inmediata. Ante la negativa de los talibanes, el 7 de octubre de 2001 equipos de la División de Operaciones Especiales de la CIA entraron en el país para preparar acciones militares encaminadas a hacer pagar al líder de *al-Qaeda*, el sufrimiento causado al pueblo de los Estados Unidos.

La Alianza del Norte, del recién fallecido Massoud, era el primer aliado a tener en cuenta, a fin de tener bases firmes en el terreno desde las que operar de forma rápida. Además había una notable oposición al brutal régimen *talibán* que permanecía oculta por temor, pero que en un momento dado podía ser «activada». A las unidades de inteligencia y guerra subversiva

---

[87] En esta visita dijo que sus servicios de información habían reunido información sobre un ataque a gran escala inminente contra los Estados Unidos. Al parecer nadie le hizo caso. Nadie salvo quienes preparaban su asesinato.

AFGANISTÁN, DIVISIÓN PROVINCIAL

La estructura provincial afgana es relativamente moderna y se basa tanto en criterios étnicos como en razones prácticas, En total el país se subdivide en 34 provincias o «vilayatos» (ولایت) , que son las divisiones administrativas de primer orden.

A su vez cada provincia se divide en distritos. Dada la penuria de las comunicaciones, históricamente han gozado de gran independencia.

se unieron de inmediato las Fuerzas Especiales del Ejército y varias unidades coordinadas por el Mando de Operaciones Especiales, que fueron preparadas para trasladarse al interior de Afganistán de inmediato. En pocos días los gobiernos del Reino Unido, Australia, Canadá y Nueva Zelanda estaban ya de acuerdo con los estadounidenses para enviar a sus fuerzas especiales[88].

El mismo 7 de octubre, Kabul, Kandahar y Jalalabad recibieron los primeros ataques aéreos, y a las 17.00 hora de la Costa Este de los Estados Unidos, el presidente George W. Bush confirmaba que la aviación de los Estados Unidos estaba atacando objetivos en territorio afgano, en concreto «instalaciones militares de los talibanes y campos de entrenamiento de terroristas. Además, se lanzaría comida, medicinas y otros suministros para los hombres, mujeres y niños hambrientos y enfermos de Afganistán»[89]. Para sorpresa de muchos geoestrategas los estadounidenses estaban a punto de poner su pie en el «Corazón del Mundo», algo en principio ajeno a una «Talasocracia».

Operando a elevadas cotas, más allá de cualquier posibilidad afgana de impedirlo, los bombarderos pesados de la USAF lanzaron toneladas de bombas sobre los campamentos y bases talibanes, sobre aeropuertos, nudos de comunicaciones, carreteras, puentes y prácticamente cualquier infraestructura decente que pudiese quedar en el país en pie después de décadas de guerra y destrucción. Además, helicópteros de ataque AH-64 *Apache* comenzaron una campaña brutal de búsqueda y destrucción del material pesado de las tropas talibanes que, en una semana, quedaron muy quebrantadas.

El siguiente objetivo fueron los puestos de mando y control, centros de comunicaciones y sistemas de defensa antiaérea, y todo lo que sirviese para coordinación o enlace entre los grupos armados talibanes hasta el extremo de que es posible que no quedase una sola antena en pie en todo el territorio enemigo.

Los bombardeos de la fuerza aérea estadounidense continuaron con intensidad durante todo el mes, pero los líderes de las unidades de combate

---

[88] Una cosa son las alianzas «oficiales» y otra es la realidad. En la hora suprema Estados Unidos contó solo con las naciones de estirpe anglosajona. Esos son sus «únicos» aliados. En realidad no hay ninguno más, y muchos deberían tomar nota, para lo bueno y para lo malo.

[89] Esta terrible declaración, que rezuma odio y venganza, está emitida en la mejor línea de actuación de un régimen totalitario, y hace cuestionarse los motivos de la actuación de los Estados Unidos. De hecho es idéntica a la de la Agencia TASS de la URSS que, en 1939, después de su criminal bombardeo de Helsinki, afirmó que lanzaban «pan a la población hambrienta».

de la Alianza del Norte no apreciaban aún el beneficio de los ataques y los talibanes continuaron bloqueando cualquier progreso de sus tropas. Especialmente porque, en vez de debilitarse, miles de combatientes *pastún* cruzaron la frontera para unirse a la guerra contra los odiados Estados Unidos. Sin embargo, el comienzo de los ataques en vuelo rasante de los F-18 *Hornet* de la *US Navy* con base en los portaaviones situados en el Índico, y su uso de bombas racimo y de precisión contra objetivos terrestres, desde carros de combate a vehículos de todo tipo, comenzó a cambiar las cosas y la entrada en acción de los cañoneros aéreos AC-130, bombarderos pesado artillados capaces de lanzar un diluvio de fuego que barrió el frente talibán, permitió, por fin, en noviembre a la Alianza del Norte marchar hacia Kabul, apoyados por asesores de la CIA y fuerzas especiales del *US Army*, que se encargaban de «limpiar» cualquier obstáculo que se presentase delante de ellos.

6.2.1 Mazar-e-Sharif y Tora Bora

El régimen talibán demostró, tal y cómo sostenía años atrás el general *uzbeko* Dostum, que era muy frágil y, a mediados de noviembre, los mercenarios pagados y sostenidos por *al-Qaeda*, muchos de ellos no afganos, eran quienes sostenían la defensa de las principales ciudades y núcleos urbanos de Afganistán.

El objetivo terrestre de la ofensiva estadounidense era la ciudad de Mazar-e Sharif[90], que estaba en manos de los talibanes desde agosto de 1998. Era un punto esencial para cortar sus líneas de abastecimiento, pues disponía de dos aeropuertos y una de las principales rutas a Uzbekistán. Así pues, centraron allí las misiones de su fuerza aérea de apoyo a tierra y de las fuerzas especiales para ayudar a la Alianza del Norte en tomar ese bastión. La CIA y los servicios de inteligencia británicos el MI-6, creían que la guarida de Bin Laden y la cúpula de *al-Qaeda*, era una extensa red de túneles y búnkeres que se encontraban en las montañas de Tora Bora y los bombarderos pesados transcontinentales de la USAF, los B-52, lanzaron toneladas de bombas sobre la zona, con la obsesión de acabar de una vez con su enemigo público número uno y los principales jefes terroristas.

---

[90] En ella está el Santuario de Hazrat Ali o «Mezquita Azul», un sitio sagrado musulmán.

TROPAS DE LA ISAF EN NOVIEMBRE DE 2010
Total: 130 930

Estados Unidos 90 000	Reino Unido 9 500	Alemania 4 341
Francia 3 850	Italia 3 688	Canadá 2 922
Polonia 2 519	Turquía 1 790	Rumanía 1 648
España 1 576	Australia 1 550	Georgia 924
Dinamarca 750	Bulgaria 516	Hungría 502
Suecia 500	Bélgica 491	República Checa 468
Noruega 353	Croacia 299	Albania 258
Eslovaquia 250	Corea del Sura 245	Países Bajos 242
Nueva Zelanda 234	Lituania 219	Letonia 189
Macedonia 163	Finlandia 150	Estonia 140
Portugal 85	Azerbaiyán 94	Grecia 80
Eslovenia 78	Mongolia 47	Bosnia y Herzegovina 45
Armenia 40	Singapur 38	Emiratos Árabes 35
Montenegro 31	Malasia 30	Ucrania 16
Luxemburgo 9	Irlanda 7	Islandia 4
Austria 3	Jordania 0	Tonga 0

Soldados estadounidenses en las montañas de Tora Bora, próximas a la frontera con Pakistán, a donde huyó Osama bin Laden a raíz de la invasión de 2001. Las empinadas laderas están llenas de cuevas y complejos de túneles construidos por los combatientes afganos y árabes durante la década de 1980 lo que proporciona un refugio ideal para los guerrilleros. Agencia Reuters.

Esta fijación en acabar con Bin Laden supuso alguna fricción con los comandantes de la Alianza del Norte que consideraban que era más importante tomar la capital, por lo que significaba simbólicamente y porque heriría de muerte al régimen talibán.

A pesar de ello, las operaciones contra Mazar-e Sharif siguieron adelante y, el 9 de noviembre, las tropas del general Dostum tomaron el aeropuerto y la principal base militar, tras una batalla que apenas duró 90 minutos. Este notable éxito aumentó las esperanzas del CENTCOM —Mando Central de los Estados Unidos— de obtener una victoria rápida, pues no estaba previsto su conquista tan rápida. Ahora los cazas y bombarderos no tendrían que partir de bases lejanas o de portaaviones en el Océano Índico para lanzar sus ataques, sino que podrían partir de una posición muy cercana a sus objetivos y además permitieron envíos masivos de ayuda humanitaria desde América y Europa para ser entregada a cientos de miles de afganos que pasaban auténticas penalidades, aunque se tardó casi un mes en poner el aeropuerto en condiciones operativas, tanto por sus daños como por las centenares de minas y trampas que habían sido colocadas por los *talibán*.

La 10ª División de Montaña de los Estados Unidos fue aerotransportada a suelo afgano para detener cualquier intento talibán de recuperar la ciudad, y en las semanas siguientes se dedicó a asegurar y limpiar de concentraciones enemigas el territorio circundante.

Hamid Karzai, nacido el 24 de diciembre de 1957 en Kandahar, en el seno de una familia pastún firme partidaria de Zahir Sha, junto a las fuerzas especiales de los Estados Unidos. La fotografía está tomada en octubre de 2001, dos meses antes de que ocupase el cargo de Presidente de la Administración Provisional de Afganistán.

Quedaba el problema de Tora Bora, aún no resuelto, donde a partir del 12 de diciembre, con la guerra ya resuelta en otros frentes, las tropas especiales de Estados Unidos y el Reino Unido se dispusieron a atacar el laberinto de grutas y cuevas fortificadas en las que se suponía que se encontraba Bin Laden, antes de que pudiera escapar a Pakistán a través de las montañas.

Usadas desde tiempo inmemorial como refugio, por ser una magnífica defensa natural, las cuevas eran bien conocidas por los anglosajones dese la década de los ochenta del siglo XX, pues agentes de la CIA habían ayudado a los muyahidín en su ampliación y fortificación. Fuerzas tribales respaldados por tropas de operaciones especiales de Estados Unidos y apoyo aéreo arrasaron las defensas de las unidades de *al-Qaeda* que aún quedaban sobre el terreno y comandos británicos del SBS y del SAS entraron en las cuevas acabando con todos los defensores después de una lucha salvaje y brutal[91]. Al menos 200 combatientes de *al-Qaeda* fueron abatidos. Si bien el 17 de diciembre fue tomado el último complejo de grutas, la búsqueda llevada a cabo por fuerzas estadounidenses y británicas continuó hasta enero sin encontrar rastro alguno de Bin Laden.

6.3 La ISAF y la «pacificación»

El 12 de noviembre, a los pocos días del segundo mes de ataques, las tropas talibanes se retiraron de la capital. La ocuparon las unidades de la Alianza del Norte la tarde del 13, que liquidaron a un minúsculo grupo de fanáticos combatientes árabes voluntarios que se habían quedado buscando el martirio.

Al día siguiente, la importante ciudad de Herat y las provincias fronterizas con Irán se entregaron a los vencedores. Los talibanes ya solo resistían en Kunduz, junto a la frontera de Pakistán, y en su primer feudo, Kandahar. La primera ciudad fue atacada el 16 de noviembre y se rindió ante las tropas de la Alianza del Norte el 26. También quedí claro el doble juego de Pakistán pues, poco antes, varios centenares de hombres de sus servicios especiales y del ejército fueron evacuados, junto con cerca de 5 000 combatientes talibanes y de al-Qaeda[92].

A finales de noviembre, Kandahar, cuna del movimiento talibán, era el último bastión que le quedaba al grupo extremista islámico, que tenía ya sus horas contadas. Cerca de 3 000 combatientes tribales, liderados por Hamid Karzai, un destacado monárquico, y Gul Agha Sherzai, gobernador de Kandahar antes de la era talibán, atacaron desde el Este y cortaron las lí-

---

[91] Fuerzas de Operaciones especiales alemanas participaron en la batalla para la proteger los y realizar misiones de reconocimiento.
[92] Los norteamericanos lo llamaron el «puente aéreo del mal» —*Airlift of Evil*—.

neas de suministro, mientras tropas de la Alianza del Norte se aproximaban desde el Norte y el Noreste.

En esta ocasión, por primera vez, un número importante de soldados estadounidenses comenzaron a intervenir en los combates, y un millar de *marines* establecieron una base de operaciones llamada *Camp Rhino* cerca de Kandahar el 25 de noviembre. El 6, rechazada la posibilidad de que los líderes enemigos pudiesen gozar de permiso para escapar comenzó el ataque. El día 7, el *mulá* Omar escapó con sus seguidores[93] en moto, y la ciudad cayó en manos de los estadounidenses y de sus aliados afganos. La última ciudad controlada por los talibanes había caído. El pueblo fronterizo de Spin Boldak se rindió ese mismo día, marcando el fin del régimen talibán. Las fuerzas afganas de Gul Agha entraron en la ciudad mientras los *marines* tomaban el control del aeropuerto en las afueras.

Tras la destrucción del régimen talibán, las tropas estadounidenses se dedicaron, junto a sus aliados, a formar y consolidar un nuevo gobierno para el país. La asamblea afgana, la *Loya Jirga*, eligió presidente a Hamid Karzai, pero de forma interina. La antigua base soviética de Bagram fue seleccionada como centro de operaciones del ejército estadounidense e instalaron en Kandahar una base secundaria de gran tamaño, que fue fortificada.

Las tropas estadounidenses alcanzaron pronto los 10 000 hombres y los refuerzos llegaban constantemente. A principios de 2002 parecía bien claro que, apoyada en la frontera paquistaní, donde entre los clanes *pastún* el movimiento talibán seguía siendo muy fuerte, *al-Qaeda* no había dado la partida aún por perdida. En el invierno comenzaron a agruparse en las montañas de Shahi-Kot, y algunos *mulás* locales comenzaron a reclutar hombres para enfrentarse a los estadounidenses como habían hecho con los soviéticos. En marzo, el *mulá* Saifur Rehman tenía ya 2 000 combatientes con los que comenzar a hostigar al nuevo gobierno y sus aliados extranjeros.

El gobierno de Karzai, que sabía al igual que la inteligencia estadounidense lo que estaba ocurriendo, lanzó una ofensiva en marzo contra los núcleos de resistencia talibán en las montañas de la provincia de Paktia. Se suponía que eran unos pocos centenares hombres atrincherados en cuevas y armados con armas ligeras, pero lo que parecía poco más que una operación policial de limpieza se convirtió en una dura batalla. Los guerrilleros combatieron con dureza y tenacidad y demostraron bien a las claras que no

---

[93] Supuestamente fue abatido en Pakistán el 21 de mayo de 2011.

eran un puñado de desesperados fanáticos, sino más de 5 000 hombres perfectamente pertrechados y muy bien adaptados a la guerra de alta montaña, pues una gran parte de los combates se libraron a 3 000 metros de altitud e incluso más.

Los constantes ataques de los helicópteros y aviones estadounidenses se demostraron inútiles ante los búnkeres construidos en las grutas y la dispersión de los combatientes afganos hizo difícil su eliminación, pues además, decenas de ellos se infiltraron en Pakistán para escapar. Es posible que medio millar de insurgentes fueran eliminados, pero cayeron siete soldados del go-

---

Fuerzas aliadas y afganas en la Operación Anaconda
Como parte de la Fuerza de Tarea Conjunta Combinada *Mountain.*

Grupo de combate *DAGGER* (Grupo conjunto de operaciones especiales).
5 ° Grupo de Fuerzas Especiales (Aerotransportado).
Compañía B del 2.° batallón del 160.° regimiento aerotransportado de operaciones especiales de la fuerza aérea.
Compañía de controladores aéreos tácticos de operaciones especiales de la fuerza aérea.
Fuerzas militares afganas (AMF).
    Comandante Zia (*Task Force* HAMMER).
    Kamil Khan (Grupo ANVIL).
    Zakim Khan (Grupo ANVIL).

Grupo de combate *RAKASSAN*
3.ª brigada de la 101.ª división aerotransportada (Asalto aéreo).
1.° y 2.° batallones de la 187.ª división.
1.° batallón de la 87.ª división de Infantería (Control operacional).

Grupo de combate *COMMANDO*
2.ª brigada de la 10.ª división ligera de montaña.
4.° batallón de la 31.ª división de infantería.
Infantería ligera canadiense del regimiento Princesa Patricia (Control táctico).
Grupo de combate 64 (Fuerzas especiales australianas).
Grupo de combate K-BAR (Fuerza combinada conjunta de operaciones especiales).
Grupo de combate *Owie* (Grupo conjunto interagencial de inteligencia).

bierno, ocho estadounidenses y, además, dos helicópteros fueron derribados. Las cosas no iban a ser tan sencillas como los comandantes del *US Army* pensaban.

En esta operación llamada en clave Anaconda», pues se trataba de estrangular a los insurgentes rodeándolos para luego aniquilarlos, participaron también tropas del SAS de Australia y Nueva Zelanda, y tropas especiales alemanas y canadienses, así como comandos de la marina noruegos. La guerra se convertía en algo internacional.

Arriba, soldados de la 101.ª división aerotransportada estadounidense llegan a Afganistán para formar parte de la Operación Anaconda. Agencia Reuters.

6.3.1 La fuerza internacional de asistencia y seguridad

El gobierno de los Estados Unidos contó desde el primer momento con el apoyo de todos sus aliados, pero la ayuda a las operaciones contra el terrorismo en Afganistán y la guía del proceso de reconstrucción fue dirigido desde el primer momento por el Consejo de Seguridad de las Naciones Unidas que, el 20 de diciembre de 2001 —Resolución 1386—, aprobó la formación de la que fue denominada Fuerza Internacional de Asistencia a la Seguridad (ISAF), de sus siglas en inglés, *International Security Assistance Force*, con el objetivo —inicial— de permitir la estabilidad del gobierno afgano recién formado en Kabul. Esa, la zona de la capital, sería su única área de actividad durante el primer periodo de su despliegue.

Efectivos de la 10.ª división de montaña registran casa por casa los pueblos de Shir Khan Kheyl, Babulkhel y Marzak en busca de talibanes o miembros de Al Qaeda. Agencia Reuters.

De todas formas era evidente que el papel de la ISAF era muy pequeño, pues incluso en el reparto de la ayuda internacional su protagonismo e influencia no podía ser muy alto si se limitaba solo a la capital.

Desde el año 2003, en concreto el 3 de agosto, la OTAN asumió el control de la ISAF, lo que dejaba claro que las actividades que la ONU había encargado a las tropas internacionales desplegadas en principio en torno a Kabul, y que consistían en «ayudar al gobierno afgano a extender y ejercer su autoridad e influencia en el territorio, así como a crear las condiciones necesarias para la reconstrucción y estabilización del país después de la guerra», era, principalmente, un asunto militar, que se convirtió en la primera misión de la OTAN fuera de su escenario natural, América del Norte y Europa.

La razón de que el mando pasara a la OTAN fue también de índole práctica, dado que originalmente el mando de la ISAF rotaba entre distintas naciones en base a un periodo de seis meses. Sin embargo, hubo una tremenda dificultad para asignar nuevas naciones líderes, así que la OTAN se convirtió en una solución práctica.

Tropas españolas en Afganistán. El Consejo de Ministros de España, por acuerdo de 27 de diciembre de 2001, autorizó la participación de unidades militares españolas en la Fuerza Internacional de Asistencia para la Seguridad —ISAF— en apoyo del Gobierno interino afgano. Las primeras unidades españolas llegaron al país asiático a finales de enero de 2002. Tres años después, en mayo de 2005, y dentro de la ampliación del despliegue de la ISAF para cubrir todo el territorio, España se hacía cargo del Equipo de Reconstrucción Provincial —PRT— de Badghis y establecía su base principal en Qala-e-Naw

La misión que asumió la OTAN no se limitaba al control y supervisión de las tropas de los países que forman parte del tratado, sino que alcanzaba también al resto de naciones con fuerzas sobre el terreno, estuviesen o no implicadas en acciones contra la insurgencia talibán. Las 23 000 hombres que participan en la Operación «Libertad Duradera», de actuación y combate directo contra los talibán, no forman parte de la misión OTAN/ISAF.

Después de empezar a ser desplegada en el Sur, en julio de 2006, y en el Este, en octubre de 2010, actualmente cubre el total del territorio de Afganistán, y tiene un total de 128 961 soldados de 50 países y 25 Equipos de Reconstrucción Provincial —en inglés *Provincial Reconstruction Teams,* PRT—. La mayor parte estadounidenses.

La composición de la ISAF tiene algunos elementos interesantes, pues en ella colaboran naciones que apoyaron con dinero y medios al gobierno talibán, como los Emiratos Árabes Unidos, aunque sea con una fuerza simbólica, a otros que formalmente aportan su ayuda, pero en la práctica rara vez tienen tropas destacadas en el país como sería el caso de Jordania o Tonga. Como anécdota, el contingente luxemburgués, de solo 9 hombres es el mayor en proporción al tamaño de sus fuerzas armadas, que constituyen en total poco más de un batallón.

6.3.2 En acción contra los talibanes

Los insurgentes no desaparecieron tras los combates de Shahi-Kot, y en realidad, los talibanes consideraron esta acción como un triunfo, y no les faltaba razón, pues sus pérdidas, enormes, eran fácilmente remplazables desde Pakistán, donde las fieros *pastún* hervían de odio contra Occidente en general y contra los Estados Unidos en particular.

Todos los días, a partir de la primavera de 2002, pequeños grupos de insurgentes fuertemente armados cruzaban la frontera afgana para acometer contra objetivos del gobierno o estadounidenses, atacando convoyes, vehículos aislados y cometiendo todo tipo de acciones de sabotaje. Estas unidades, de no más de una veintena de hombres, eran difíciles de localizar e identificar pues se mimetizaban muy bien con la población local.

En sus refugios cada vez mejor protegidos de Pakistán, y con el apoyo de *al-Qaeda* y sus recursos, que ya habían arrastrado a su bando a la mayor parte de las decenas de grupos tribales *pastún*, las infiltraciones ganaron consistencia en las provincias fronterizas de Kandahar, Zābul, Helmand y Urūzgān. Una activida que planteaba serios problemas a la estrategia de la Coalición liderada por los Estados Unidos, pues el permanente contacto con sus hermanos de Pakistán —el lugar donde siempre encontrar refugio y disponer de una base de combatientes inagotable—, hacía que las brillantes operaciones militares de las tropas occidentales apenas tuviesen éxito.

En septiembre la guerrilla comenzó una campaña de reclutamiento en las zonas *pastún* de Afganistán y Pakistán para lanzar una renovada

Jalaluddin Haqqani, veterano de la guerra contra los soviéticos, que fundó el grupo talibán Haqqani con miembros de su tribu Zadran. Los Estados Unidos culpan a su grupo de la mayoría de los ataques contra las fuerzas internacionales con base en Afganistán. Incluidos el intento de asesinar en 2008 al presidente Karzai, el ataque contra la embajada india en Kabul, en el mismo año y la fuga de la cárcel de Kandahar a principios de 2011.

«Yihad» en el sureste de Afganistán. Se establecieron pequeños campamentos móviles en la frontera con Pakistán por al-Qaeda para entrenar reclutas en la guerra de guerrillas y las tácticas terroristas. La mayoría de los reclutas procedían de las *madrasas* o escuelas religiosas de las zonas tribales de Pakistán, y las operaciones militares paquistaníes resultaron de poca utilidad, pues es obvio que fueron desarrolladas por presión de los estadounidenses, pero con poco convencimiento.

Los grupos de combate talibanes aumentaron hasta los 50 hombres, con capacidad para atacar puestos avanzados aislados y convoyes de soldados afganos, policía o milicia y luego de dividirse en grupos de 5 a 10 hombres para huir. El *mulá* Omar nombró como miembros del consejo de la resistencia 10 hombres, con él a la cabeza, para combatir en cinco zonas operativas.

La primera señal de que las fuerzas talibanes se estaban reagrupando llegó en enero de 2003, durante la Operación «Mangosta». Coincidió con los primeros ataques aislados de las relativamente grandes bandas contra objetivos del gobierno afgano. La subversión se extendió en el verano al remoto distrito de Dai Chopan, que el mando talibán decidió convertir en un lugar perfecto para atacar al gobierno afgano y las fuerzas de la coalición: más de 220 personas, entre ellas varias decenas de policías afganos, murieron en agosto de 2003.

Como resultado, la coalición comenzó a preparar ofensivas para erradicar a las fuerzas rebeldes. A finales de agosto de 2005, unidades gubernamentales afganas apoyadas por tropas de Estados Unidos y fuertes bombardeos aéreos, avanzaron hacia las posiciones de los talibanes y tomaron su reducto montañés.

Durante 2006, la OTAN reemplazó a las tropas de la Operación «Libertad Duradera» en el Sur de Afganistán. Tomando como núcleo la 16.ª Brigada de Asalto Aéreo del Reino Unido, tropas de Canadá, Australia y los Países Bajos, con refuerzos posteriores de Dinamarca y Estonia, realizaron operaciones conjuntas con apoyo aéreo suministrado por helicópteros de combate noruegos y franceses y aviones de Estados Unidos, Gran Bretaña y Países Bajos. Estas fuerzas formaron equipos de reconstrucción provincial en la provincia de Helmand, complementados por despliegues similares de Canadá y los Países Bajos en las peligrosas Urūzgān y en Kandahar.

En mayo, las operaciones «Mountain Thurst» y «Medusa», siempre con apoyo estadounidense, las tropas la OTAN — británicos, canadienses, neerlandeses y daneses— se esforzaron por limpiar sus zonas de operaciones de guerrilleros pero, tanto ellos como las acciones lideradas por una fuerza combinada de holandeses y australianos, que lanzó una ofensiva exitosa entre finales de abril hasta mediados de julio 2006 para expulsar a los talibanes de Chora, solo tuvieron efectos limitados.

Igual pasó en septiembre de 2006, cuando las fuerzas especiales y paracaidistas italianos, con apoyo español, participaron en una operación en los distritos de Bala Buluk y Pusht-i-Rod, en la provincia de Farah. Las fuerzas italianas mataron al menos a 70 talibanes, pero la situación se seguía deteriorando.

Otras operaciones de la OTAN exigieron una lucha intensa durante todo el segundo semestre de 2006, en las que siempre logró la victoria táctica, pero los talibanes no fueron completamente derrotados.

6.3.3 Evaluación y compromiso

Durante los años 2007 y 2008, las tropas estadounidenses y de la OTAN lanzaron decenas de operaciones locales contra grupos de insurgentes, más o menos organizados, que siempre tenían el mismo efecto: la muerte de unas decenas de combatientes enemigos, la captura de material más o menos importante y la dispersión de los supervivientes, sin que ello lograse acabar completamente con los atentados, los asesinatos y la violencia.

Soldados del Ejército Nacional Afgano en el campamento Black Horse, —*Caballo Negro*—, *en Kabul, el 22 de noviembre de 2009. Desde el otoño de 2010, la intención del ejército es mantener una fuerza aproximada de 134 000 hombres bien entrenados y equipados.*

En realidad, según informaciones de los analistas, era probable que a pesar de que la insurgencia talibán había ido en aumento y alcanzaba un número importante de provincias en casi todas en las áreas fronterizas con Pakistán, el número de combatientes reales apenas superaba los 10 000. D estos, solo 3 000 podían ser considerados verdaderos «soldados», pues el resto no eran sino fanáticos enloquecidos, jóvenes que intentan labrarse un futuro en los grupos insurgentes realizando hazañas, verdaderos pícaros y bandidos y un núcleo notable, y de gran valor para los talibanes, formado por apenas tres centenares de voluntarios extranjeros, desde chechenos a turcos, que poseían notables habilidades en muchos casos, e incluso importante experiencia en combate.

Efectivos afganos del 6.° comando de Kandak esperan el aterrizaje de dos helicópteros Mi-17 *mientras practican técnicas de infiltración en el campamento Morehead, a las afueras de Kabul, el 1 de abril de 2010. El entrenamiento los prepara para futuras misiones de asalto aéreo contra los insurgentes que permitan dar estabilidad a la población y a la región.*

Este reclutamiento de extranjeros fue un notable triunfo de *al-Qaeda*, que en 2007 logró la mayor afluencia de extranjeros conocida hasta entonces. La respuesta estadounidense al año siguiente fue la de incrementar el número de sus hombres en el terreno, como garantía de que la insurgencia no iba a triunfar.

En los primeros cinco meses de 2008, el número de soldados estadounidenses en Afganistán se incrementó en más del 80%, con un aumento de 21 643 soldados más, elevando el número total de tropas estadounidenses en Afganistán de 26 607 en enero a 48 250 en junio. En septiembre de 2008, el presidente Bush anunció la retirada de más de 8 000 soldados de Irak, y un aumento adicional de hasta 4 500 soldados estadounidenses en Afganistán.

Aún así, las bajas de la coalición aumentaban, y con ellas los problemas de cada gobierno con su opinión pública. El 3 de septiembre, fuerzas especiales estadounidenses helitransportadas atacaron tres casas cerca de un pueblo talibán que era además considerado un bastión de *al-Qaeda*. En el ataque murieron entre siete y veinte personas, la mayoría civiles paquistaníes. El gobierno de Pakistán consideró el suceso «una grave violación de su territorio»[94].

Estos incidentes fueron aumentando en intensidad a lo largo del año 2009, especialmente por el uso intensivo de *drones* —aviones no tripulados—, por parte de los estadounidenses, cuyos ataques comenzaron a ser muy frecuentes y a ocasionar a menudo bajas civiles.

En el año 2010 y en 2011, la política que habían establecido la ISAF y el gobierno estadounidense para apoyar al gobierno afgano siguió su curso. Se intentaba, por parte de decenas de ONG de todo el mundo, asegurar que el estado afgano tuviera un núcleo sólido y que el país no se convirtiera en lo que en realidad es, un estado fallido.

El 2 de mayo de 2011, las autoridades estadounidenses anunciaron que el líder de *al-Qaeda*, Osama bin Laden había sido abatido en una operación militar con el nombre en clave de «Lanza de Neptuno», llevada a cabo por la CIA y los SEAL de la *US Navy*, en territorio de Pakistán. Una vez más el gobierno pakistaní veía como las represalias y acciones militares de los Estados Unidos se realizaban en su suelo, que por otra parte, resultaba obvio que era un refugio reconocido de los insurgentes talibanes y de los miembros más destacados de *al-Qaeda*.

La muerte del enemigo público número uno de los Estados Unidos fue un golpe duro para la insurgencia afgana y para *al-Qaeda*, y un buen tanto para el presidente Barack Obama que, de inmediato, se dirigió a su nación y al mundo desde la Casa Blanca para comunicar el éxito de la misión.

Sin embargo, en Afganistán, a los pocos días, el 7 de mayo alrededor de las 12.30, hora local, los talibanes lanzaron una gran ofensiva contra edificios gubernamentales en Kandahar.

Los ataques fracasaron pero demostraron que, a pesar de grandes pérdidas desde 2001, las fuerzas de los talibanes, nutridas con la fuente in-

---

[94] Un anónimo funcionario de alto rango del Pentágono le dijo a la BBC que el presidente George W. Bush emitió una orden secreta para autorizar redadas contra militantes en Pakistán.

agotable de los grupos afines de Pakistán siguen siendo una amenaza para la coalición y para las fuerzas gubernamentales afganas, y muestran que la moral de los grupos insurgentes no había decaído.

Durante la primavera la situación se mantuvo estable, y el 22 de junio, el presidente Obama se dirigió de nuevo a la nación desde la Casa Blanca para hablar de Afganistán, pero esta vez fue para anunciar que 10 000 soldados se retirarían a finales de 2011 y otros 23 000 soldados abandonarán el país en el verano de 2012, lo que reduciría el contingente a 80 000.

Las otras naciones de la OTAN, con tropas en el país, han ido anunciando su retirada una tras otra. El presidente del Gobierno español, Mariano Rajoy, anunció la retirada de las tropas a partir de 2012 con un objetivo de hasta el 40 por ciento de la fuerza actual antes del final del primer semestre de 2013, y la suspensión total de la presencia en 2014.

Francia anunció que retiraría 1 000 soldados antes de finales de 2012, de los 3 000 que permanecían en Afganistán en ese momento. En parte su retirada sería adaptada a la capacidad del Ejército Nacional Afgano para tomar el control del distrito de Surobi, en tanto el resto de las tropas seguirán operando en Kapisa, y su retirada completa está prevista para finales de 2014.

Igualmente Bélgica, Noruega y el Reino Unido han ido anunciando la retirada de sus tropas, algo realmente notable en el caso británico, pues las unidades británicas han llevado a cabo importantísimas acciones militares durante la guerra.

Mientras se producían los anuncios de retirada progresiva de las diferentes naciones de la OTAN, se produjo un serio incidente con Pakistán que, desde mayo, cuando murió Bin Laden, había mantenido una tensión no disimulada con los Estados Unidos. El 26 de noviembre, 24 soldados paquistaníes murieron en un ataque de la OTAN que puso aún más en peligro las complicadas relaciones de Pakistán con las naciones occidentales.

6.3.4 Falso final

El 2 de mayo de 2012, exactamente un año después de la noticia de la muerte de Bin Laden, Hamid Karzai y el presidente de los Estados Unidos, Barack Obama, firmaron un acuerdo de asociación estratégica entre los dos países, después de que el presidente llegase a Kabul en un viaje no anunciado en el primer aniversario de la muerte de Osama bin Laden.

El Acuerdo de Asociación Estratégica Estados Unidos-Afganistán, titulado oficialmente el *Acuerdo de Asociación Estratégica Duradera entre la República Islámica de Afganistán y los Estados Unidos de América*, es el marco legal que establece la forma en la que los estadounidenses van a apoyar al gobierno afgano cuando sus tropas se retiren. Entró en vigor el 4 de julio —Fiesta Nacional de los Estados Unidos— y significaba la conversión de Afganistán en uno de los aliados importantes fuera de la OTAN

Pocos días antes, el 21 de mayo 2012, los líderes de los países miembros de la OTAN aprobaron una estrategia de salida durante la Cumbre 2012 de la OTAN en Chicago. Las fuerzas de la ISAF de la OTAN entregarían el mando de todas las misiones de combate a las fuerzas afganas a mediados de 2013, mientras se cambiaba al mismo tiempo su papel actual, de combate, a uno de apoyo, asesoramiento, formación y asistencia a las fuerzas de seguridad afganas para, luego retirar la mayor parte de los soldados extranjeros antes del final de diciembre de 2014.

La nueva misión de la OTAN en el país será asesorar, capacitar y ayudar a las fuerzas de seguridad afganas, incluyendo el entrenamiento de las Fuerzas de Operaciones Especiales de Afganistán.

Sin embargo, dada su importancia estratégica y la persistencia de la insurgencia talibán, siempre apoyada por una parte importante de los clanes *pastún* de Pakistán, no parece que un conflicto tan longevo pueda solucionarse solo con la salida del país de las fuerzas internacionales. El tiempo lo dirá.

EL EJÉRCITO ESPAÑOL EN AFGANISTÁN

La ASPFOR —*Afghanistan Spanish Force*—, es una organización operativa formada por distintas unidades de las fuerzas armadas, y Guardia Civil, la mayoría aportadas por el Ejército de Tierra.

ASPFOR I «Pirineos». Coronel Jaime Coll Benejam.
Composición: Plana mayor, equipo de Apoyo al Mando, una compañía de Ingenieros, una unidad de transmisiones, 3 equipos de desactivación de explosivos, escuadrilla de apoyo al despliegue aéreo —EADA, del ejército del aire—, unidad de apoyo logístico —AALOG-41—, y unidad médica de apoyo al despliegue —UMAD—.
Llegada a Kabul: 25 y 27 de enero de 2002.
Fin de la misión: 16 de mayo de 2002 —llegada del relevo—.
Despliegue: Ejército de tierra: Kabul; EADA: Kabul; UMAD: Bagram; FAMET —Fuerzas aeromóviles del ejército de tierra—: Manás, en Kirguizistán.

ASPFOR II «Sangenís». Coronel Fernando Ambrona Jega.
Composición: Plana mayor, 2 secciones de zapadores; grupo de desactivación de explosivos.
Llegada a Kabul: 16 de mayo de 2002.
Fin de la misión: 17 de septiembre de 2002.
Unidades: RPEI n.º 12 de Zaragoza —regimiento de pontoneros y especialidades de ingenieros—, RPEI n.º 11 de Salamanca, FAMET, unidad de apoyo logístico de Valladolid, unidad de transmisiones. Total, 320 efectivos.

ASPFOR III «Arapiles». Coronel Rosendo Escribano.
Composición: Plana mayor, unidad de ingenieros, equipo de desactivación de explosivos, unidad de transmisiones, unidad de apoyo al despliegue aéreo.
Llegada a Kabul: 17 de septiembre de 2002.
Fin de la misión: Enero de 2003.
Unidades: RPEI n.º 11 de Salamanca, FMA —fuerza de maniobra—, y helicópteros de la FAMET. Total, 275 efectivos.

ASPFOR IV «Brunete». Teniente coronel José Ramón Solar Ferro.
Composición: Plana mayor, unidad de ingenieros, unidad de transmisiones, EADA, CIMIC —*Civil-military cooperation*—, unidad de apoyo logístico, elementos de apoyo al mando —jurídico y atención religiosa—, tres equipos de desactivación de explosivos.

Fin de la misión: 16 de mayo de 2003.
Despliegue: Kabul. Base de la ISAF IV —*International security assistance force*[95]—, RING 1.
Unidad: Regimiento de ingenieros n.º 1, con guarnición en Burgos, perteneciente a la división mecanizada n.º 1. Total, 123 efectivos.

ASPFOR V «Salamanca». Teniente coronel Manuel Godoy Malvar.
Composición: Plana mayor de mando, unidad de ingenieros, unidad de transmisiones, grupo de desactivación de explosivos, unidad de apoyo logístico y equipo de apoyo al mando.
Llegada a Kabul: 16 de mayo de 2003.
Fin de la misión: Septiembre de 2003.
Despliegue: Kabul.
Unidad: Regimiento de especialidades de ingenieros n.º 11, con base en Salamanca. Total, 100 efectivos.

ASPFOR VI. Teniente coronel Ignacio Albiñana Celma.
Composición: Plana mayor de mando, unidad de ingenieros, unidad de transmisiones, unidad de apoyo logístico y equipo de apoyo al mando.
Llegada a Kabul: Septiembre de 2003.
Fin de la misión: A los cuatro meses aproximadamente, a la llegada del relevo.
Despliegue: Kabul.
Unidad: Regimiento de pontoneros y especialidades de ingenieros n.º 12, con sede en Zaragoza.

ASPFOR VII. Teniente Coronel Jesús Viñas Cruz.
Llegada a Kabul: 14 de enero de 2004.
Fin de la misión: 16 de mayo de 2004.
Despliegue: Ejército de tierra: *Camp Warehouse*, a las afueras de Kabul. EADA: Aeropuerto internacional de Kabul.
Unidades: Regimiento de ferrocarriles n.º 13, con guarnición en Zaragoza; personal del regimiento de especialidades de ingenieros n.º 11 de Salamanca y del regimiento de transmisiones tácticas n.º 21 de Valencia. Total, 104 efectivos. Con ellos 20 componentes del ejército del aire, pertenecientes al EADA de Zaragoza.

---

[95] Fuerza Internacional para Asistencia y Seguridad, compuesta en principio por 29 países y ampliada posteriormente a 31.

ASPFOR VIII. Teniente coronel Baldomero Argüelles González. Rehabilitación y reconstrucción de infraestructuras dentro de la misión general de asistencia a la seguridad por parte de ISAF al Gobierno Provisional de Afganistán.
Composición: Equipo de apoyo al mando, plana mayor de mando, unidad de ingenieros, unidad de transmisiones, unidad de apoyo logístico y destacamento del escuadrón de apoyo al despliegue aéreo.
Llegada a Kabul: 16 de mayo de 2004.
Fin de la misión: 4 de septiembre de 2004.
Unidades: Total, 141 efectivos. 115 pertenecientes al ejército de tierra, procedentes en su mayoría del regimiento de ingenieros n.º 1 de Burgos y del regimiento de transmisiones tácticas n.º 21 de Marines, Valencia. 26 del ejército del aire, procedentes del escuadrón de apoyo al despliegue aéreo de Zaragoza.

ASPFOR IX. Coronel Gonzalo Martí.
Composición: Plana mayor de mando, unidad de protección —UPRO—, unidad de apoyo logístico —ANSE—, hospital de campaña, unidad de helicópteros —ASPUHEL—, unidad de transmisiones —UTRANS—.
Llegada a Kabul: 4 de septiembre de 2004.
Fin de la misión: 27 de noviembre de 2004.
Despliegue: Unidad de apoyo y protección en *Camp Warehouse*, Kabul; el batallón paracaidista en Mazar e Sharif; el escalón médico avanzado Sur en el aeropuerto internacional de Kabul y la unidad de helicópteros en Termez, Uzbekistán.
Unidades: Unidad de apoyo y protección; batallón ligero de reacción rápida sobre la base de la 3.ª bandera paracaidista «Ortiz de Zárate», de Murcia, que incluye una sección de zapadores paracaidistas de Madrid; escalón médico avanzado Sur, procedente de Sevilla, con un hospital de tipo ROLE II; una Unidad de Helicópteros, con cuatro UH-21 «Cougar» del batallón de helicópteros de maniobra de Bétera, Valencia, y el escuadrón de apoyo al despliegue aéreo del ejército del aire. Total, 835 efectivos del ejército de tierra y 115 del ejército del aire.

ASPFOR X. Teniente coronel José Allué González.
Composición: Plana mayor de mando, unidad de protección, unidad de transmisiones, unidad de helicópteros y elemento de apoyo logístico.
Llegada a Kabul: 14 de enero de 2005.

Fin de Misión: Mayo de 2005.
Despliegue: Unidad de helicópteros y el hospital de campaña, en el aeropuerto de Kabul. La unidad logística y de mando en *Camp Warehouse*.
Unidades: Batallón de helicópteros n.° 2 —BHELMA II—, con base en Bétera. Personal del regimiento de transmisiones tácticas n.° 21 de Marines, Valencia, unidad de apoyo logístico XXXI de Paterna, Valencia, hospital de campaña del EMAT Norte, Zaragoza. Total, 265 efectivos.

ASPFOR XI. Coronel Gumersindo Veiga Mestre.
En febrero de 2005 se modifica el despliegue en Afganistán. A partir del 31 de mayo, se activa el Organismo Coordinador Regional del Área Oeste de Afganistán —RAC—, cuya misión fundamental es unificar los Equipos de Reconstrucción —PRT—, desplegados en las provincias de Changcharan —controlada por Lituania—, Herat —por Italia—, Farah —por Estados Unidos—, y Badghis —por España—. La base del PRT español se sitúa en Qala-I-Naw, a 150 km. de la ciudad de Herat, en el oeste de Afganistán, junto a la frontera con Turmekistán y cercana a la de Irán.
Composición:
PRT: Unidad de protección, unidad de apoyo logístico, unidad de transmisiones, unidad de apoyo a la reconstrucción, equipos de desactivación de explosivos e inteligencia y equipo de control aerotáctico del ejército del aire. Cooperantes civiles de la Agencia Española de Cooperación Internacional. Total, 116 personas a las que se suman, hasta la construcción final de la base, otras 47 del regimiento de especialidades de ingenieros n.° 11 de Salamanca —que forman la unidad de apoyo al despliegue—, y la fuerza de maniobra.
Base logística avanzada de Herat: Una compañía, como fuerza de reacción rápida de la brigada de cazadores de montaña Aragón I, equipada con vehículos de alta movilidad táctica —VAMTAC—. Unidad de helicópteros del batallón de helicópteros de maniobra IV con base en el Copero, Sevilla, y 40 integrantes del elemento de apoyo nacional —NSE—.
Grupo Táctico: Plana mayor de mando, dos compañías motorizadas con VAMTAC, una aeromóvil, una de mando, una de servicios y una unidad de zapadores con capacidad de desactivación.
Despliegue: Desde el cuartel general de ISAF en Kabul, hasta Herat, donde se constituyó una base de apoyo avanzado, al mando del coronel Vayá, del ejército del aire.
Llegada a Kabul: 18 de agosto de 2005.
Fin de la misión: 11 de octubre de 2005.
Unidades: Brigada de cazadores de montaña Aragón I, con sede en Jaca.

Fuerza de maniobra: 293 efectivos del batallón San Quintín perteneciente al regimiento de infantería ligera aerotransportable El Príncipe n.º 3, con sede en el acuartelamiento Cabo Noval de Siero, Asturias; 187, del regimiento de infantería ligero aerotransportable Isabel la Católica n.º 29; la unidad aerotransportable de Figueirido, Pontevedra, y 20 efectivos del ejército del aire. Todos bajo el mando del teniente coronel Julio Herrero.

ASPFOR XII. Coronel José María Soroa.
Composición:
PRT: Unidad de protección, unidad de apoyo logístico, unidad de transmisiones y unidad de apoyo a la reconstrucción. También incluye equipos de desactivación de explosivos, inteligencia y un equipo de control aerotáctico del ejército del aire.
Base logística avanzada de Herat: Unidad de helicópteros y una compañía como fuerza de reacción rápida a disposición de ISAF, procedente de la brigada de cazadores de montaña Aragón I y equipada con vehículos VAMTAC.
Llegada a Kabul: 3 de octubre de 2005.
Fin de la misión: 6 de febrero 2006.
Despliegue: Base Logística Avanzada de Herat y base «general Urrutia» en Qala-e-Naw, Badghis.
Unidades: Miembros de la brigada de cazadores de montaña Aragón I, batallón de helicópteros de maniobra IV —FAMET—, con sede en Dos Hermanas, Sevilla, y de la fuerza logística terrestre I, que agrupa diversas unidades. Total, 325 efectivos.

ASPFOR XIII. Coronel José Antonio Alonso Miranda.
Composición: Mando y plana mayor de mando, unidad de protección, unidad de apoyo logístico, unidad de transmisiones, unidad de apoyo a la reconstrucción, equipo de desactivación de explosivos, equipo de inteligencia y equipo de control táctico del ejército del aire.
Llegada a Kabul: 6 de febrero de 2006.
Fin de la misión: 14 de junio de 2006.
Despliegue: Base logística avanzada de Herat y base «general Urrutia» en Qala-e-Naw, Badghis.
Unidades: Brigada de la Legión Rey Alfonso XIII, batallón de helicópteros de maniobra II con base en Bétera, Valencia, y agrupación logística n.º 21 de Sevilla.

ASPFOR XIV. Coronel Fernando Lázaro Cárdenas.
Composición: Mando y plana mayor de mando, unidad de protección,

unidad de apoyo logístico, unidad de transmisiones, unidad de apoyo a la reconstrucción, equipo de desactivación de explosivos, equipo de inteligencia y equipo de control táctico del ejército del aire.

Llegada a Kabul: 14 de junio de 2006.

Fin de la misión: 19 de octubre de 2006.

Despliegue: Base logística avanzada de Herat y base «general Urrutia» en Qala-e-Naw, Badghis.

Unidades: Brigada paracaidista Almogávares VI, con sede en Alcalá de Henares, Madrid; fuerza logística operativa y fuerzas aeromóviles del ejército de tierra. Total, 380 efectivos.

ASPFOR XV. Coronel Rafael Roel Fernández.

Composición: Mando y plana mayor de mando, unidad de protección, unidad de apoyo logístico, unidad de transmisiones, unidad de apoyo a la reconstrucción, equipo de desactivación de explosivos, equipo de inteligencia y equipo de control táctico del ejército del aire.

Llegada a Kabul: 19 de octubre de 2006.

Fin de la misión: 1 de marzo de 2007.

Despliegue: Base logística avanzada de Herat y base «general Urrutia» en Qala-e-Naw, Badghis.

Unidades: Brigada de infantería ligera aerotransportable Galicia —BRILAT—, y agrupación logística expedicionaria —ALOG RA-10—, de Valladolid. Total, 430 efectivos.

ASPFOR XVI. Coronel Francisco Gan Pampols.

Composición: Mando y plana mayor de mando, unidad de protección, unidad de apoyo logístico, unidad de transmisiones, unidad de apoyo a la reconstrucción, equipo de desactivación de explosivos, equipo de inteligencia y equipo de control táctico del ejército del aire.

Llegada a Kabul: 1 de marzo de 2007.

Fin de la misión: 5 de julio de 2007.

Despliegue: Base logística avanzada de Herat y base «general Urrutia» en Qala-e-Naw, Badghis.

Unidades: Brigada de cazadores de montaña Aragón I —BRICAZMO—, unidad de helicópteros —UHEL—, procedente del batallón de helicópteros de maniobra III —BHELMA III—, de Agoncillo, La Rioja, y agrupación logística expedicionaria —ALOG RA-11—, de Zaragoza. Total, 400 efectivos.

ASPFOR XVII. Coronel Pedro Rolán Araújo.

Composición: Mando y plana mayor de mando, unidad de protección,

unidad de apoyo logístico, unidad de transmisiones, unidad de apoyo a la reconstrucción, equipo de desactivación de explosivos, equipo de inteligencia y equipo de control táctico del ejército del aire.
Llegada a Kabul: 5 de julio de 2007.
Fin de la misión: 16 de noviembre de 2007.
Despliegue: Base logística avanzada de Herat y base «general Urrutia» en Qala-e-Naw, Badghis.
Unidades: Primera bandera Roger de Flor de la brigada paracaidista Almogávares VI —BRIPAC—; unidad de helicópteros —UHEL—, procedente de las FAMET, y agrupación logística expedicionaria —ALOG RA-12—, de Burgos. Total, 400 efectivos.

ASPFOR XVIII. Coronel Honorio López Davadillo.
Composición: Mando y plana mayor de mando, unidad de protección, unidad de apoyo logístico, unidad de transmisiones, unidad de apoyo a la reconstrucción, equipo de desactivación de explosivos, equipo de inteligencia y equipo de control táctico del ejército del aire.
Llegada a Kabul: 16 de noviembre de 2007.
Fin de Misión: 4 de marzo de 2008.
Despliegue: Base logística avanzada de Herat y base «general Urrutia» en Qala-e-Naw, Badghis.
Unidades: Regimiento de infantería ligera Canarias n.º 50, con sede en Las Palmas de Gran Canaria, efectivos procedentes de la agrupación de apoyo logístico n.º 81 con sede en Tenerife y unidades de las fuerzas aeromóviles del ejército de tierra. Total, 450 efectivos.

ASPFOR XIX. Coronel Pedro Pérez García.
Composición:
PRT: Fuerza de apoyo y seguridad, elementos de cooperación cívico-militar, elementos de operaciones de apoyo al tráfico aéreo, logísticos, sanitarios y transmisiones.
Base de Herat: Unidad de reacción rápida, unidad de helicópteros —ASPUHEL XI—, y núcleo de apoyo logístico —ANSE—.
Llegada a Kabul: 4 de marzo de 2008.
Fin de la misión: 13 de julio de 2008.
Despliegue: Base Logística Avanzada de Herat y base «general Urrutia» en Qala-e-Naw, Badghis.
Unidades: III Tercio Juan de Austria de la brigada de La Legión Rey Alfonso XIII, de Almería, efectivos de FAMET y de la agrupación de apoyo logístico n.º 22 de Granada. Total, 450 efectivos.

248 CARLOS CANALES Y MIGUEL DEL REY

ASPFOR XX. Coronel Pedro Rolán Araujo.
Composición:
PRT: Fuerza de apoyo y seguridad, elementos de cooperación cívico-militar, elementos de operaciones de apoyo al tráfico aéreo, logísticos, sanitarios y transmisiones.
Base de Herat: Unidad de reacción rápida, unidad de helicópteros —ASPUHEL XII— y núcleo de apoyo logístico —ANSE—.
Base de *Camp Stone*: Equipo Operativo de Instrucción y Enlace.
Llegada a Kabul: 13 de julio de 2008.
Fin de la misión: 5 de noviembre de 2008.
Despliegue: Base logística avanzada de Herat, base «general Urrutia» en Qala-e-Naw, Badghis y base militar afgana *Camp Stone*, situada a 15 kilómetros al sur de Herat.
Unidades: III.ª bandera de la brigada paracaidista Almogávares, con sede en Jabalí Nuevo, Murcia; efectivos de FAMET y de la agrupación de apoyo logístico n.º 21 de Sevilla. Total, 400 efectivos. Equipo operativo de instrucción y enlace —OMLT—, de la brigada de infantería ligera Galicia VII: 50 efectivos.
U
ASPFOR XXI. Coronel Ramiro Giménez.
Composición:
PRT: Fuerza de apoyo y seguridad, elementos de cooperación cívico-militar, elementos de operaciones de apoyo al tráfico aéreo, logísticos, sanitarios y transmisiones.
Base de Herat: Unidad de reacción rápida, unidad de helicópteros —ASPUHEL XII— y núcleo de apoyo logístico —ANSE—.
Base de *Camp Stone*: Equipo Operativo de Instrucción y Enlace.
Llegada a Kabul: 5 de noviembre de 2008.
Fin de la misión: 22 de febrero de 2009.
Despliegue: Base logística avanzada de Herat, base «general Urrutia» en Qala-e-Naw, Badghis y base militar afgana *Camp Stone*.
Unidades: Brigada de cazadores de montaña Aragón I, con sede en Jaca; agrupación de apoyo logístico n.º 41 de Zaragoza y miembros del batallón de helicópteros III, de Agoncillo, La Rioja, pertenecientes a FAMET. Total, 400 efectivos.

ASPFOR XXII. Coronel Emilio Sarabia Griera.
Composición:
PRT: Fuerza de apoyo y seguridad, elementos de cooperación cívico-militar, elementos de operaciones de apoyo al tráfico aéreo, logísticos, sanitarios y transmisiones.

Base de Herat: Unidad de reacción rápida, unidad de helicópteros y núcleo de apoyo logístico.
Base de *Camp Stone*: Equipo Operativo de Instrucción y Enlace.
Llegada a Kabul: 22 de febrero de 2009.
Fin de la misión: 12 de julio de 2009.
Despliegue: Base logística avanzada de Herat, base «general Urrutia» en Qala-e-Naw, Badghis y base militar afgana *Camp Stone*.
Unidades: Regimiento de infantería ligero Isabel la Católica n.º 29 —BRILAT—, batallón de cooperación cívico-militar, con sede en Valencia —6 efectivos—, regimiento de pontoneros y especialidades de ingenieros n.º 12 de Zaragoza —6 efectivos—, y 4 miembros de la Guardia Civil. Total, 373 efectivos.

ASPFOR XXIII. Coronel Carlos Terol Bono.
Composición:
PRT: Plana mayor, compañía de protección y seguridad, unidades de apoyo logístico y de Inteligencia, expertos en desactivación de explosivos, equipo de control aerotáctico para guiar el apoyo aéreo, equipos de enlace y transmisiones, equipos de enlace y observación, equipo CIMIC, grupo táctico de apoyo a elecciones —GT APOEL—.
En Herat: Batallón de maniobra.
Camp Stone: Equipo operativo de instrucción y enlace.
Llegada a Kabul: 12 de julio de 2009.
Fin de misión: 13 de noviembre de 2009.
Despliegue: Base logística avanzada de Herat, base «general Urrutia» en Qala-e-Naw, Badghis y base militar afgana *Camp Stone*.
Unidades: Regimientos de infantería ligeros —RIL—, Soria n.º 9, Tenerife n.º 49 y Canarias n.º 50; batallón de ingenieros —BING XV—; RPEI n.º 12; BHELMA IV; personal de la armada —TACP—, del ejército del aire, de la Guardia Civil y del elemento de apoyo nacional —NSE—, pertenecientes a la AALOG. 81. Total, 1045 efectivos.

ASPFOR XXIV. Coronel Manuel Sierra Martín.
Composición: Plana mayor, una compañía de protección y seguridad, unidades de apoyo logístico y de inteligencia, expertos en desactivación de explosivos, equipo de control aerotáctico para guiar el apoyo aéreo, equipos de enlace y transmisiones, equipos de enlace y observación, equipo CIMIC, personal civil de la Agencia Española de Cooperación Internacional para el Desarrollo —AECID—, y personal local.

Llegada a Kabul: 13 de noviembre de 2009.
Fin de la misión: 20 de marzo de 2010.
Despliegue:
En Qala-e-Naw, Badghis:
Base «general Urrutia»: 2.ª compañía del batallón de maniobra, compañía de servicios y compañía de apoyo al mando.
PSB —*Provincial Support Base*—: Batallón de ingenieros.
En Herat: 1.ª compañía del Batallón de Maniobra —BMN—.
Base *Camp Stone*: Equipo operativo de instrucción y enlace —OMLT—.
Unidades: Regimiento de cazadores de montaña Arapiles n.º 62; personal logístico de la AALOG-41 de Zaragoza; unidad de helicópteros AS-PHUEL XXVI del batallón de helicópteros de maniobra —BHELMA III—, de Agoncillo, Logroño, y batallón de ingenieros. Total, 752 efectivos.

ASPFOR XXV. Coronel Miguel Martín Bernardi.
Composición: Plana mayor, una compañía de protección y seguridad, unidades de apoyo logístico y de inteligencia, expertos en desactivación de explosivos, equipo de control aerotáctico para guiar el apoyo aéreo, equipos de enlace y transmisiones, equipos de enlace y observación, equipo CIMIC, personal civil de la Agencia Española de Cooperación Internacional para el Desarrollo —AECID—, y personal local.
Llegada a Kabul: 20 de marzo de 2010.
Fin de Misión: 19 de julio de 2010.
Despliegue:
En Qala-e-Naw, Badghis:
Base «general Urrutia»: 2.ª compañía del batallón de maniobra, compañía de servicios y compañía de apoyo al mando.
PSB —*Provincial Support Base*—: Batallón de ingenieros.
En Herat: 1.ª compañía del Batallón de Maniobra —BMN—.
Base *Camp Stone*: Equipo operativo de instrucción y enlace —OMLT—.
Unidades: brigada de la Legión Rey Alfonso XIII, personal de la unidad de apoyo logístico n.º 21 de Sevilla y unidad de helicópteros de transporte V con base en Colmenar Viejo, Madrid. Total, 743 efectivos.

ASPFOR XXVI. Coronel Luis Martínez Trascasa.
Composición: Plana mayor, una compañía de protección y seguridad, unidades de apoyo logístico y de inteligencia, expertos en desactivación de explosivos, equipo de control aerotáctico para guiar el apoyo aéreo, equipos de enlace y transmisiones, equipos de enlace y observación,

equipo CIMIC, personal civil de la Agencia Española de Cooperación Internacional para el Desarrollo —AECID—, y personal local.
Llegada a Kabul: 19 de julio de 2010.
Fin de la misión: 30 de noviembre de 2010.
Despliegue: PSB —*Provincial Support Base*—, «Ruy González de Clavijo», en Badghis, sede del equipo de reconstrucción provincial. En Herat: bases militares de *Camp Stone* y *Camp Arena*.
Unidades: Brigada paracaidista Almogávares VI; agrupación de apoyo logístico n.º 11 y batallón de helicópteros de transporte V, ambas unidades con base en Colmenar Viejo, Madrid; batallón de asuntos civiles y regimiento de inteligencia n.º1, de Valencia; brigada de La Legión, de Viator, Almería; mando de ingenieros, de Salamanca; y unidades de apoyo sanitario y del mando de transmisiones. Total, 1 020 efectivos.

ASPFOR XXVII. Coronel Francisco Rosaleny Pardo de Santayana
Composición: Plana mayor, una compañía de protección y seguridad, unidades de apoyo logístico y de inteligencia, expertos en desactivación de explosivos, equipo de control aerotáctico para guiar el apoyo aéreo, equipos de enlace y transmisiones, equipos de enlace y observación, equipo CIMIC, personal civil de la Agencia Española de Cooperación Internacional para el Desarrollo —AECID—, y personal local.
Llegada a Kabul: 30 de noviembre de 2010.
Fin de la misión: 30 de marzo de 2011.
Despliegue: PSB —*Provincial Support Base*—, «Ruy González de Clavijo», en Badghis, sede del equipo de reconstrucción provincial. En Herat: bases militares de *Camp Stone* y *Camp Arena*. Bases avanzadas de las localidades de Ludina y Moqur.
Unidades: Brigada ligera aerotransportable Galicia VII: batallón San Quintín, unidades de zapadores, transmisiones, caballería, apoyo logístico, CIMIC y artilleros. Agrupación de apoyo logístico n.º 41 de Zaragoza; regimiento de inteligencia n.º1 y policía militar de Valencia; destacamento aéreo del ejército del aire y *Tactical Air Control Party* —TACP, grupo de control aéreo táctico—, de la Armada; apoyo sanitario y del mando de transmisiones. Total, 1 032 efectivos.

ASPFOR XXVIII. Coronel Juan Sevilla Gómez.
Composición: Plana mayor, batallón de maniobra, equipos de mentores y enlaces con el ejército afgano, equipos de la Guardia Civil, equipos de inteligencia y contrainteligencia, apoyo logístico, operaciones especiales, zapadores, transmisiones, construcciones militares, unidad de coope-

ración cívico-militar y equipos del ejército del aire y de infantería de marina.

Llegada a Kabul: 30 de marzo de 2011.

Fin de la misión: 28 de agosto de 2011.

Despliegue: PSB —*Provincial Support Base*—, «Ruy González de Clavijo», en Badghis, sede del equipo de reconstrucción provincial. En Herat: bases militares de *Camp Stone* y *Camp Arena*. Bases avanzadas de las localidades de Ludina y Moqur.

Unidades: Brigada de infantería ligera Canarias XVI, unidad logística, unidad de helicópteros procedente de Agoncillo, Logroño, y unidad de apoyo sanitario ROLE2. Total, 1 100 efectivos.

ASPFOR XXIX. Coronel Félix Eugenio García Cortijo.

Composición: Plana mayor, equipo de reconstrucción provincial, batallón de maniobra, unidad logística, unidad CIMIC, equipos de asesoramiento y enlace con el ejército afgano, equipos de la Guardia Civil, unidades de inteligencia, apoyo logístico, zapadores, transmisiones, equipo de construcciones militares y equipos del ejército del aire y de infantería de marina.

Llegada a Kabul: 28 de agosto de 2011.

Fin de la misión: 26 de enero de 2012.

Despliegue: PSB —*Provincial Support Base*—, «Ruy González de Clavijo», en Badghis, sede del equipo de reconstrucción provincial. Base Camp Arena, en Herat. Puestos avanzados de combate —COPS—, «Bernardo de Gálvez», en Ludina, y «Hernán Cortés», en Darrah i Bum.

Unidades: Jefatura de tropas de montaña, brigada de infantería ligera San Marcial V, batallón de helicópteros de maniobra IV, y Guardia Civil.

ASPFOR XXX. Coronel Demetrio Muñoz García.

Composición: Plana mayor de mando, equipo de reconstrucción provincial, bandera de maniobra «*Task Force* Badguis», equipos operativos de asesoramiento y enlace con el ejército y la policía afgana, —OMLT y POMLT respectivamente—. Unidades de capacitación y apoyo: Unidad de protección y seguridad, unidad CIMIC, unidad de operaciones psicológicas para la capacitación del PRT, unidad de zapadores, unidad de transmisiones, unidad de apoyo sanitario, unidad logística principal, grupo aéreo avanzado, unidad de obras y unidad de apoyo a la base.

Llegada a Kabul: 26 de enero de 2012.

Fin de la misión: 14 de junio de 2012.

Despliegue: PSB —*Provincial Support Base*—, «Ruy González de Clavijo», en Badghis, sede del equipo de reconstrucción provincial. Base *Camp Arena*, en Herat. Puestos avanzados de combate «Bernardo de Gálvez», en Ludina y «Rickets», en Moqur. En Abril de 2012 el COP «Hernán Cortes» fue transferido al ejército afgano.

Unidades: Brigada de La Legión Rey Alfonso XIII, VII bandera de La Legión Valenzuela del 3.º Tercio Don Juan de Austria, con sede en Viator, Almería, regimiento de inteligencia n.º 1 de Valencia, mando de artillería de campaña y Guardia Civil. Total, 1 300 efectivos.

ASPFOR XXXI. Coronel Luis Cebrián Carbonell.

Composición: Plana mayor de mando, equipo de reconstrucción provincial, bandera de maniobra «*Task Force* Badguis», equipos operativos de asesoramiento con el ejército y la policía afgana, —MAT y PAT respectivamente—. Unidades de capacitación y apoyo: Unidad de protección y seguridad, unidad CIMIC, unidad de operaciones psicológicas para la capacitación del PRT, unidad de zapadores, unidad de transmisiones, unidad de apoyo sanitario, unidad logística principal, grupo aéreo avanzado, unidad de obras y unidad de apoyo a la base.

Personal civil de la Agencia Española de Cooperación Internacional para el Desarrollo, dependiente del Ministerio de Asuntos Exteriores, bajo la jefatura de un diplomático de carrera, asesor político de todo el despliegue.

Llegada a Kabul: 14 de junio de 2012.

Fin de la misión: 11 de noviembre de 2012.

Despliegue: PSB —*Provincial Support Base*—, «Ruy González de Clavijo», en Badghis, sede del equipo de reconstrucción provincial. Base *Camp Arena*, en Herat. Puestos avanzados de combate «Bernardo de Gálvez», en Ludina y «Rickets», en Moqur.

Unidades; Brigada paracaidista Almogávares VI, III.ª bandera paracaidista Ortiz de Zárate, de Javalí Nuevo, Murcia, regimiento de inteligencia n.º 1 de Valencia, mando de artillería de campaña y Guardia Civil. Total, 1 200 efectivos.

ASPFOR XXXII. Coronel Fernando García González–Valerio.

Composición: Equipo de reconstrucción provincial, batallón de maniobra «TF Badguis», equipos de asesoramiento con el ejército y la policía afgana —MAT y PAT—, respectivamente, unidades de capacitación y apoyo, unidad logística retrasada, oficial de enlace, unidad de protección y seguridad, unidad de cooperación cívico militar, unidad de operaciones psicológicas.

Personal civil de la Agencia Española de Cooperación Internacional para el Desarrollo, dependiente del Ministerio de Asuntos Exteriores, bajo la jefatura de un diplomático de carrera, asesor político de todo el despliegue. **Llegada a Kabul**: 11 de noviembre de 2012.
Fin de la misión: 12 de mayo de 2013.
Despliegue: PSB —*Provincial Support Base*—, «Ruy González de Clavijo», en Badghis, sede del equipo de reconstrucción provincial. Base *Camp Arena*, en Herat. Puestos avanzados de combate «Bernardo de Gálvez», en Ludina y «Rickets», en Moqur.
Unidades: BRILAT Galicia VII: Regimiento de infantería ligero Príncipe n.º3, regimiento de artillería de campaña n.º 63, unidad plataforma autónoma sensorizada de inteligencia XI, —encargada de operar los vehículos aéreos no tripulados que se utilizan para dar protección a la fuerza—. Batallón de infantería ligero Toledo, con sede en Siero. Tercio de infantería de marina, Guardia Civil y regimiento de inteligencia n.º 1, de Valencia.

ASPFOR XXXIII. Coronel José Luis Murga Martínez.
Composición: Equipo de reconstrucción provincial, batallón de maniobra «TF Badguis», equipos de asesoramiento con el ejército y la policía afgana —MAT y PAT—, respectivamente, unidades de capacitación y apoyo, unidad logística retrasada, oficial de enlace, unidad de protección y seguridad, unidad de cooperación cívico militar, unidad de operaciones psicológicas.
Personal civil de la Agencia Española de Cooperación Internacional para el Desarrollo, dependiente del Ministerio de Asuntos Exteriores, bajo la jefatura de un diplomático de carrera, asesor político de todo el despliegue.
Llegada a Kabul: 12 de mayo de 2013.
Fin de la misión: Última agrupación de la misión de ISAF.
Despliegue: PSB —*Provincial Support Base*—, «Ruy González de Clavijo», en Badghis, sede del equipo de reconstrucción provincial. Base *Camp Arena*, en Herat. Puestos avanzados de combate «Bernardo de Gálvez», en Ludina y «Rickets», en Moqur.
Unidades: Brigada de infantería ligera Canarias XVI, batallón de infantería Albuera del regimiento Tenerife n.º 49 de la BRILCAN, con sede en Santa Cruz de Tenerife. Grupo de acción rápida de la Guardia Civil, Logroño. Total, 900 efectivos.

BIBLIOGRAFÍA

ATWOOD, Rodney: *The March to Kandahar - Roberts in Afghanistan*. Editorial Pen & Sword. Londres, 2008.

BALFOUR, Lady Betty: *The History of Lord Lytton's Indian Administration, 1876-1880: compiled from Letters and Official Papers. Longmans*. Editorial Green & Co. Londres, 1899.

CROWLEY, P. T: *Afghanistan The Three Wars, Princess of Wale's Royal Regiment*. Edición de los *Queen's and Royal Hampshires*. Winchester, 2002.

DOCHERTY, Paddy: *The Khyber Pass: A History of Empire and Invasion*. Editorial Faber and Faber. Londres, 2007.

HANNA, H. B.: *The Second Afghan War 1878-79-80: Its Causes, Its Conduct and Its Consequences*. Archibald Constable & Co. 3 Volumenes. Londres, 1899, 1904 y 1910.

HOLDICH, T. H: *Geographical Results of the Afghan Campaign*. Royal Geographical Society. Londres, 1881.

HOPKIRK, Peter: *The Great Game*. Editorial Kodansha America. Nueva York, 1992.

PAGET, W. H.: *A Record of the Expeditions Against the North-West Frontier Tribes*. Whiting & Co. Londres, 1884.

ROBSON, Brian: *The Road to Kabul, the Second Afghan War 1878-1881*. Editorial Arms & Armour Press. Londres, 1986.

MACRORY, Patrick: *Retreat from Kabul: The Catastrophic British Defeat in Afghanistan, 1842*. The Lyons Press. Londres, 2002.

MOLESWORTH, George: *Afghanistan 1919. An Account of Operations in the Third Afghan War*. Asia Publishing House. Nueva York, 1962.

PERRY, James M.: *Arrogant Armies: Great Military Disasters and the Generals Behind Them*. Editorial Wiley. Nueva York, 1996.

SHAHAMAT, Alí: *The Sikhs and Afghans, in Connexion with India and Persia, immediately before and after the death of Ranjeet Singh: From the journal of an expedition to Kabul through the Panjab and the Khaibar Pass*. Editado por J. Murray. Delhi, 1847.

SINGER, Andre: *Lords of the Khyber: The Story of the North-West Frontier*. Editorial Faber and Faber. Londres, 1984.

SINGH, Ranjit: *A short life sketch, Ganda Singh*. Editorial Nirmal. Nueva Delhi, 1986.

THACKERY, Edward Talbot: *Memorandum on Operations of the Bengal Sappers & Miners at Gandamak & Jagdalak, Afganistan. Vol VI, Paper VIII from the Professional Papers of the Royal Engineers*. Londres, 1881.